Vito Fumagalli
Mathilde von Canossa

Mathilde von Canossa. Antonio Villa, 1815, Kopie des verlorenen Gemäldes von Francesco Mazzola, genannt *Il Parmigianino*

Vito Fumagalli
Mathilde von Canossa

Aus dem Italienischen von
Annette Kopetzki

Verlag Klaus Wagenbach   Berlin

Die italienische Originalausgabe erschien 1996 unter dem Titel
Matilde di Canossa bei Società editrice il Mulino in Bologna.

Wagenbachs Taschenbuch 305
Deutsche Erstausgabe
2. Auflage im April 2006

© 1996 Società editrice il Mulino, Bologna
© 1998 für die deutsche Übersetzung: Verlag Klaus Wagenbach,
Emser Str. 40/41, 10719 Berlin. Umschlaggestaltung von Groothuis +
Malsy unter Verwendung eines Gemäldes aus dem 16. Jahrhundert
(Kirche der Hl. Trinitá, Verona). Autorenphoto © il Mulino. Die Kar-
nickel auf Seite 1 zeichnete Horst Rudolph. Gesetzt aus der Borgis
Guardi von Offizin Götz Gorissen, Berlin. Gedruckt und gebunden
bei Pustet, Regensburg. Printed in Germany. Alle Rechte vorbehalten.

ISBN-10:   3-8031-2305-4
ISBN-13: 978-3-8031-2305-3

Ich habe ihren Körper gesehen: den Kopf mit den rotblonden Haaren, die großen, gleichmäßigen Zähne, die noch unverwesten Füße.« So erschien der Leichnam der Mathilde von Canossa, als er im Spätwinter des Jahres 1644 aus der Engelsburg in Rom in den Petersdom überführt wurde, wo er sich noch heute befindet. Eine starke Erregung muß die Anwesenden ergriffen haben, als sie vor den sterblichen Überresten einer der mächtigsten Frauen des Mittelalters standen, während die Kirche die letzten Vorbereitungen traf, um ihr im berühmtesten Tempel der Christenheit eine endgültige Begräbnisstätte zu schaffen.

Sie war bereits seit mehr als fünf Jahrhunderten tot. Die Erinnerung aber hatte ihr Bild immer größer werden lassen, und schließlich wurde ihr diese höchste Ehre in Rom zuteil. Mathilde von Canossa war die große Verbündete des Papstes Gregor VII. gewesen, sie erst hatte ihm seinen Sieg über den Kaiser möglich gemacht.

Nicht zum ersten Mal erschien Mathildes Körper nach ihrem Tod denjenigen, die ihr ruhmreiches und machtvolles Bild im Gedächtnis bewahrten. Etwa dreißig Jahre zuvor hatte sich in Mantua das Gerücht verbreitet, sie sei aus dem Grab, das sie für sich in der Kirche der Abtei von San Benedetto Po nahe Mantua bestimmt hatte, nach Lucca überführt und dort begraben worden. Im Beisein von Mönchen, hohen Adeligen und einer unbestimmten Anzahl weiterer Personen wurde das Grab geöffnet, und die sterbliche Hülle der großen Gräfin versetzte die Anwesenden in Erstaunen, denn sie erblickten, fast als wäre sie lebendig, einen vollständig erhaltenen Körper, den Mund weit geöffnet, prächtige Zähne.

Lange vor dieser Zeit, im Jahre 1445, war der Leichnam in der Kirche von San Benedetto schon einmal einer großen Menschenmenge vorgeführt worden, bevor er in das Innere des Gebäudes verlegt wurde: den ehrfurchtsvollen Blicken der geistlichen und weltlichen Zeugen offenbarte sich ihr Körper in unverwestem Zustand.

Der Tod hatte sie, die schon lange krank gewesen war, im Juli 1115 nicht weit von Mantua, in einem entlegenen Dorf der unteren Poebene ereilt. Ihr Körper wurde wahrscheinlich einer Einbalsamierung unterzogen. Der Tod und die Zeit sollten nicht zerstören, was von dieser Frau blieb, die sich auch von den dramatischsten Ereignissen des Mittelalters nicht hatte in die Knie zwingen lassen.

Wer war Mathilde? Wie lebte sie, wie hatte sie diesen Ruhm erworben, der mit der Zeit sogar größer wurde, und deren Leichnam die Nachgeborenen mit Staunen und Bewunderung erfüllte, mit größerer Verehrung vielleicht, als ihr zu Lebzeiten zuteil wurde, da sie an der Spitze einer der größten und wehrhaftesten Feudalstaaten des Mittelalters stand? Eine definitive Antwort auf diese Fragen ist immer noch unmöglich, aber wir wollen versuchen, der Wahrheit einige Schritte näher zu kommen.

Mathilde von Canossa starb nach vielen Monaten fast völliger Bewegungsunfähigkeit am 24. Juli 1115. Sie litt an einer beim Adel verbreiteten Erbkrankheit: der Gicht, mit häufig stechenden Schmerzen, vor allem in den Füßen, und von Fieberanfällen und anderen qualvollen Beschwerden begleitet. Sie soll neunundsechzig Jahre alt gewesen sein, ein für die damalige Zeit fortgeschrittenes Alter.

Die berühmte Frau hat sicher sehr darunter gelitten, im Alter zu völliger Untätigkeit verurteilt zu sein, war doch ihr ganzes Leben von den wechselvollen Stürmen eines Zeitalters erschüttert worden, das sie selbst geprägt hatte. Sie hatte ihre Truppen sogar persönlich angeführt, war lange Ritte an der Spitze ihrer Soldaten gewohnt gewesen. So schildert sie ihr Biograph Donizone von Canossa, ein Zeitgenosse Mathildes.

Die letzten traurigen Monate verbrachte Mathilde in Bondanazzo, einem kleinen Dorf in der Poebene, zwischen Reggio Emilia und Mantua, wo Nebel und schwüle Hitze vorherrschten.

Mehr als einmal schien der Tod bereits die Oberhand gewonnen zu haben; schon hatte sich das Gerücht verbreitet, Mathilde sei nicht mehr, und mit ihr die gewaltige Macht einer Dynastie, deren letzter Erbe sie war. Aber es gelang ihr, sieben Monate lang dem Tod zu trotzen, während sie sich darauf vorbereitete, vor Gottes Gericht zu erscheinen. Sie hatte angeordnet, genau gegenüber dem Zimmer, in dem ihr Bett stand, eine kleine Kapelle für sie zu erbauen, die dem Apostel Jacobus geweiht war. Ausgestreckt auf ihrem letzten, schmerzhaften Thron, konnte sie von dort aus dem Geistlichen zuhören und zusehen, wie er die Messe feierte. Dieses Kirchlein war wie eine Eingangstür zu den himmlischen Orten, deren Licht und Gesänge Mathilde sich wohl schon seit langem ausgemalt haben wird: Belohnung für die jahrelangen Kämpfe im Sinne der Kirche und für den Papst, obwohl sie durch ihre Mutter eine Cousine seines großen Widersachers, des deutschen Kaisers Heinrich IV., war.

Der Heilige Jacobus sollte sie immer wieder an seine berühmte Wirkungsstätte im Wallfahrtsort Compostela erinnern, wo er Wunder vollbrachte und den Seelen der Christen beistand. Mathilde hat in jenen letzten Monaten auch zahlreiche andere Heilige geehrt, um den letzten Abschnitt des Weges zu ebnen, den sie noch zurückzulegen hatte, während sie sich auf den Tod vorbereitete, auf das Sündenbekenntnis, auf die von der Krankheit bloßgelegte Hinfälligkeit des menschlichen Daseins. Alles, was ihr das Gefühl der Sicherheit und die oft verspürte Siegesgewißheit gegeben hatte, die Siegeslieder ihrer bewaffneten Männer, das Wiehern der Pferde, die Fahnen, die blitzenden Waffen, standen ihr jetzt, in diesem kleinen Dorf, nicht mehr bei. Darum beschenkte sie Kirchen und Klöster wie nie zuvor, ehrte berühmte Heilige, betete mit einer Inbrunst, die sie zuvor nicht gekannt hatte.

Einer der berühmtesten Äbte jener Zeit, Pontius von Cluny, besuchte im tiefsten Winter das Dorf, in dem sie ihre letzte Zufluchtsstätte gefunden hatte. Ungeachtet der beißenden Kälte, die ihre Gliederschmerzen unerträglich werden ließ, wünschte Mathilde ihm nachts zuzuhören, während er die Heilige Messe las. Selbst am Morgen darauf wohnte sie seinem Gottesdienst bei, um dann, von den Schmerzen stark erschöpft, in ihr Bett zurückzukehren.

Je mehr sie sich dem Tod näherte, desto größer wurde die Angst vor dem Jenseits, die alle Menschen jener Zeit beherrschte. Die Gräfin ließ kein Mittel aus, das ihr Seelenruhe und in manchen Augenblicken vielleicht sogar Gewißheit geben konnte. Aus diesem Grund hatte sie beschlossen, während der letzten Monate in jenem Dorf zu wohnen, dessen Herrin sie war.

Bondanazzo lag in unmittelbarer Nähe von San Benedetto di Polirone, dem größten Kloster ihrer Familie, wo eine große Schar Ordensgeistlicher unaufhörlich für sie beten konnte. Dem berühmten Kloster erteilte sie Rechte, Lehen und Vergünstigungen; auf dieses Kloster verließ sie sich vollkommen, sie sank sozusagen in die Arme seines Abtes. Obwohl wir Heutigen kaum mehr verstehen können, was in ihr vorging, dürfte es uns doch einleuchten, daß selbst ein ganzes Leben im Dienst der Kirche nicht ausreichte, um ihr die Gewißheit zu geben, ihre Seele sei gerettet.

Seit einigen Jahren zog sie nun schon durch die nebelverhangene Poniederung, vor allem seit die Krankheit ihr keine Ruhe mehr gönnte und ihr jene großen Reisen verbot, die sie früher durch ihr Staatsgebiet von Norditalien bis in den Süden der Toskana, bis nach Latium, geführt hatte. Vielleicht war es nicht mehr nötig, ihren Staat, förmlich allgegenwärtig, zu durchstreifen, da auch der Krieg gegen den Kaiser beendet war. Doch auch für sie war der Abend gekommen, sie mußte nun an sich selbst denken, an jene an-

11

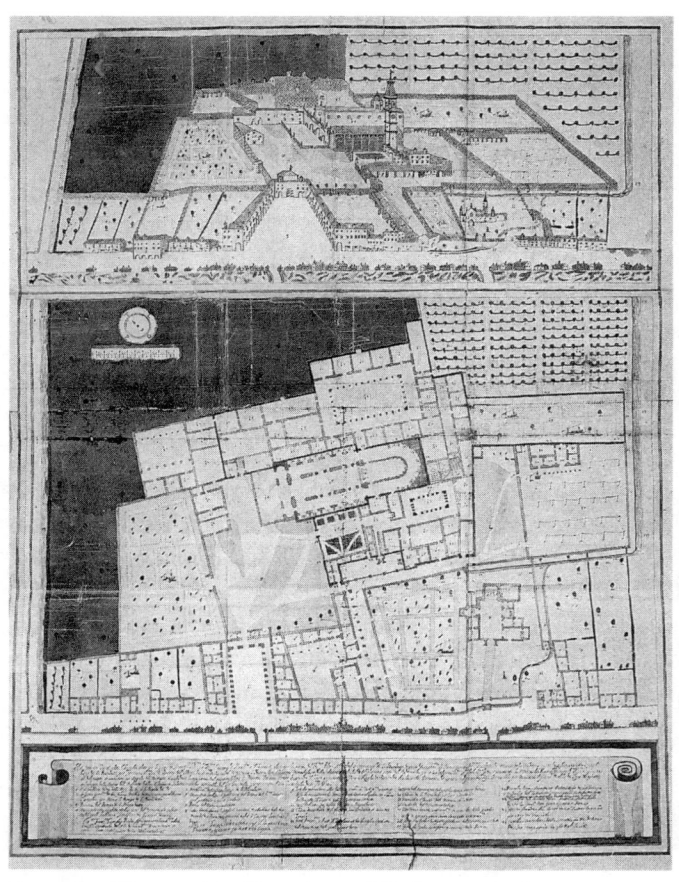

Karte des Klosters San Benedetto di Polirone, 18. Jh.

dere, von Heiligen und Seligen bevölkerte Welt. Viele von ihnen hatte sie immer wieder um Schutz angefleht, ihnen zahlreiche Klöster und Kirchen geweiht. Darunter auch der Heilige Benedikt, der geliebte und gefürchtete Begründer des abendländischen Mönchstums sowie Schutzpatron der Abtei der Familie Canossa am Ufer des Po, die seinen Namen trug. Fünfzig Mönche hatten dort gemeinsam mit dem Abt feierlich gelobt, bis zum Ende aller Tage den Todestag der Mathilde festlich zu begehen.

Nach einem ersten kurzen Aufenthalt brach Mathilde im November 1114 von Bondanazzo auf, der kleinen Wohnstätte ihrer letzten Tage. Sie wollte das berühmte Kloster mit einer Reihe von Schenkungen bedenken. Begleitet von einigen ihrer engsten Mitarbeiter, legte sie in einer feierlichen Zeremonie das Pergament auf dem Altar der Kirche nieder. Das Schriftstück enthielt den Verzicht auf alle Rechte, die Mathildes Familie seit sehr langer Zeit in dieser Gegend innehatte. Der Wortlaut war klar, die Geste atmete spürbar den Geist der großen Seele Sankt Benedikts: »In Gegenwart der verehrungswürdigen Gemeinschaft der Mönche haben wir unsere Rechte auf dem heiligen Altar des seligen Benedikt abgetreten.«

Mathilde spricht hier von einer Abtretung ihrer angestammten Hoheitsrechte, weil sie schon um das Jahr 1078 in einem aufsehenerregenden Schritt die gesamten Besitzungen ihrer Familie dem Heiligen Stuhl vermacht hatte, um diese vom Papst als ein Lehen auf Lebenszeit zurückzuerhalten. Nur wenige Monate nach dem symbolischen Akt im Kloster des Heiligen Benedikt wird die Krankheit sie endgültig ans Bett fesseln, erleichtert wird ihr Leiden nicht nur durch die Gebete der Ordensbrüder des nahen Klosters, sondern auch durch die Fürbitten in anderen Kirchen, denen sie unaufhörlich Schenkungen gemacht hatte. Als das Ende nahte, ließ der Bischof von Reggio sie am 24. Juli des Jahres 1115 das Kruzifix küssen, dann starb sie.

Als ihr Biograph in Canossa die Nachricht erhielt, fiel ihm, so schreibt er, die fast vollendete Handschrift mit der Lebensgeschichte der Gräfin aus den Händen, die Welt erschien ihm plötzlich leer. Donizone war Mönch und wurde später Abt des Klosters, in dem er lebte, dem berühmten innerhalb der Burgmauern erbauten Kloster Sant'Appollonio, das erste und vielleicht das bevorzugte Kloster der Familie Canossa.

Mathilde wurde in der Kirche des Klosters San Benedetto am Ufer des Po beigesetzt, in der Abtei also, in deren Nähe sie die letzten Jahre ihres Lebens verbracht hatte. Und hier sollte sie viele Jahrhunderte bleiben, bevor sie im 17. Jahrhundert in Rom bestattet wurde: zunächst in der Engelsburg, dann im Petersdom.

Eine erste Untersuchung des Leichnams fand, wie schon erwähnt, im Jahre 1445 statt: »Der Körper erscheint unversehrt, vollständig, weiblich«; eine zweite dann 1613: »Der Körper ist unversehrt, nicht im Geringsten verändert, der Mund weit geöffnet, die Zähne leuchtend weiß.« Und im Jahre 1644: »Ich erblickte den Körper und auf dem Kopf waren die blonden Haare, die ins Rötliche spielten, die Zähne groß und ebenmäßig, auch die Füße noch mit Fleisch bedeckt.«

Dies also war der Körper der Frau, die viele lange Ritte unternommen hatte, die Gefechte und verworrene Feldzüge, von einer Burg zur anderen, von einer Stadt zur nächsten geführt hatte, denn Mathilde, obwohl sie dem Tod in fast völliger Bewegungsunfähigkeit entgegensah, war eine Frau der Tat gewesen, eine Kriegerin und Hauptakteurin in dem Konflikt, der in der zweiten Hälfte des elften Jahrhunderts Papst und Kaiser zu erbitterten Gegnern machte.

Alles hatte freilich ganz anders begonnen, ohne jedes Vorzeichen und ohne daß Mathilde den Vorsatz gehabt hätte, sich einer von Krisen, Streitigkeiten, gesellschaftlichen Veränderungen und grausamen Kriegen erschütterten Welt zu stellen.

Mathilde und ihre Mutter Beatrix, Erbinnen eines mächtigen Staates, hatten eigentlich vorgehabt, ihn anderen zu überlassen und ins Kloster zu gehen.

Schon bevor der Krieg zwischen Papst Gregor VII. und König Heinrich IV. ausbrach, ein Krieg, der sehr lange dauern sollte, hatten Mathilde und ihre Mutter dem Papst ihren Wunsch vorgetragen, der Welt den Rücken zu kehren und Nonnen zu werden. Das Erbe, das auf ihren Schultern lastete, hätte jeden eingeschüchtert, egal ob Mann oder Frau. Sie trugen nämlich die Verantwortung für die Regierung eines Staatsgebietes großen Ausmaßes, das sich von den Voralpen um Brescia bis hinunter ins nördliche Latium erstreckte.

Nicht die gewaltige Ausdehnung ihres Besitzes bereitete Probleme, sondern die Unterschiedlichkeit der Teile, aus denen das Herrschaftsgebiet sich zusammensetzte, jenes Staatsgebilde, das die Familie Canossa im Verlauf von vier Generationen mühsam aufgebaut hatte. Von den schroffen Bergen der Lombardei bis in die flachen, malariaverseuchten Ebenen der südlichen Toskana ergaben verschiedene Sprachen, unterschiedliche Sitten, mannigfaltige Regierungsformen und unvergleichbare Gesellschaftsordnungen ein regelrechtes Mosaik, das fast ausschließlich durch den eisernen Willen von Mathildes Vater, des mächtigen Markgrafen Bonifaz III., zusammengehalten wurde.

Bonifaz war der Enkel von Azzo Adalberto, dem Gründer der Dynastie der Attoni, eines mächtigen Geschlechts von

Markgrafen, das über die Emilia und die Toskana herrschte. Die Attoni hatten ihr Hoheitsgebiet erweitern können, weil es ihnen unter den Ottonenkaisern noch möglich gewesen war, sowohl der Kirche als auch dem Reich zu dienen, die damals eine weniger zerstrittene Einheit bildeten. Bonifaz hatte die Ländereien der Familie bis in die Umgebung der Städte Reggio Emilia, Modena und Mantua ausgedehnt und die Hauptstadt dieses großen Reiches von der Stammburg Canossa in das angesehene, reiche Mantua verlegen lassen.

Bonifaz wurde im Jahre 1052 ermordet, als er sich in einem seiner vielen Wälder in der Nähe des Po auf der Jagd befand. Es ging das Gerücht um, es seien vergiftete Pfeile benutzt worden, um den tapferen Krieger zur Strecke zu bringen. Manche behaupteten auch, daß Kaiser Heinrich III. auf seinen überaus reichen Lehnsmann eifersüchtig gewesen sei und vor dessen Macht Angst gehabt habe. Andere sprachen von einer Verschwörung adeliger Familien. Tatsache ist, daß er die Regentschaft den beiden Frauen, Beatrix und Mathilde, hinterließ.

Seine Frau Beatrix war gebürtige Deutsche, verwandt mit verschiedenen Königshäusern; sie konnte ihre Abstammung bis auf die Merowinger zurückverfolgen. Zu ihren berühmtesten Vorfahren zählten König Heinrich I. und König Edward von England. 1054 heiratete Mathildes Mutter in zweiter Ehe ihren Cousin Gottfried den Bärtigen, Herzog von Lothringen. Auch seine Beziehungen zum deutschen Kaiser waren gespannt. Kaiser Heinrich III. konnte keinen Gegner in einem Land dulden, das die Verbindung zwischen Rom und dem Norden beherrschte. Auch der Papst mißtraute Gottfrieds Ehrgeiz, im Streit zwischen Kaiser und Kirche eine eigene Rolle zu spielen. Unterstützt vom Papst Viktor II. erschien der Kaiser im Sommer 1055 mit seinen Soldaten in der Toskana, vertrieb Gottfried und führte Mathilde und ihre Mutter als Gefangene nach Deutschland. Dort lebten sie eine Zeitlang in Lothringen, der Heimat von Beatrix. Nach Heinrichs Tod im Jahre 1056 konnten die beiden Frauen nach Italien zurückkehren. Damit wird verständlich, warum Mathilde sehr gut deutsch sprach, und es erklären sich auch die rotblonden Haare, die vielleicht von ihrer zur Hälfte nordischen Abstammung herrührten.

Schon allein die Ermordung des Bonifaz muß für die beiden Frauen beängstigend gewesen sein, auf ihrem Territorium umgeben und bedrängt von den ehrgeizigen Absichten der deutschen Kaiser und dem Vorhaben des Papstes, sich den Königen Deutschlands zu widersetzen. Überdies war das Gebiet der Familie Canossa, seit Bonifaz auch Herzog der Toskana geworden war, zwischen dem germanischen Norden und Rom wie in einem Würgegriff umklammert, eine gefährliche Pufferzone, die entweder eine Vermittlerfunktion übernehmen oder aber dazu gezwungen werden konnte, sich im Fall eines Krieges für eine der beiden Seiten zu entscheiden. Gottfried der Bärtige von Lothringen, Mathildes Stiefvater, durch seine Heirat mit Beatrix italienischer Fürst geworden, war ein sehr ehrgeiziger Mann. Geschickt nutzte er die Situation, als der deutsche König Heinrich IV. noch ein Kind war und die Regierung in der Hand der Witwe Heinrichs III., Agnes von Poitou, lag, einer dem Papst vollkommen ergebenen Frau. In dieser Zeit war er der mächtigste Mann im Reich. Es gab sogar Gerüchte, er habe hinter dem Mordanschlag auf Bonifaz gesteckt. Doch trotz seiner Machtstellung fühlte er sich dem Papst gegenüber unsicher. In Rom focht man seine Ehe wegen des hohen

Verwandtschaftsgrades zwischen den beiden an, denn Gottfrieds und Beatrix' Urgroßväter waren Brüder gewesen. Er gelobte zwar, mit Beatrix eine Josephsehe zu führen, wurde aber schließlich dennoch gezwungen, seiner Frau die Regierung zu überlassen.

Bei ihrer Rückkehr nach Italien erfuhr Mathilde, daß man inzwischen Gottfried den Buckligen, den Sohn Gottfrieds von Lothringen, zu ihrem zukünftigen Ehemann bestimmt hatte. Ausgerechnet sie, die damals noch sehr jung und zeitgenössischen Berichten zufolge eine sehr schöne Frau war, sollte diesen häßlichen, mißgestalteten Mann heiraten. Politische Erwägungen hatten zu dieser Entscheidung geführt, ebenso wie später bei ihrem zweiten Ehemann, dem Herzog Welf von Bayern. Auch diese zweite Ehe bedeutete eine unglückliche Erfahrung für Mathilde, die sich, nunmehr in den Vierzigern, mit einem Sechzehnjährigen verheiratet sah.

Beide Ehen scheiterten, und ebenso wie es politisch begründete Eheschließungen gewesen waren, führten in beiden Fällen politische Gründe zu deren Auflösung. Mathilde, die sich ganz auf die Seite des Papstes gestellt hatte, verlor beide Männer an die gegnerische Seite, den deutschen Kaiser. Auch aus diesem Grund war die Freundschaft mit Papst Gregor VII. für Mathilde sehr wichtig und mußte eine Leere in ihrem Gefühlsleben füllen, welcher die Sprößlinge des Adels in jenen Zeiten – wie auch in späteren Epochen – nur sehr schwer entgehen konnten.

Im Inneren des Staatsgebietes stellten die Städte fortwährende Herde der Rebellion dar: Sie forderten die Selbstverwaltung ihres städtischen Gemeinwesens und vermochten die feudale Ordnung, die sie in fast vollständiger Abhängigkeit hielt, nur unwillig – oder überhaupt nicht mehr –

zu dulden. Mantua, das 1091 vom Kaiser erobert wurde, schlug Mathilde seine Tore vor der Nase zu, um sie ihr erst vierundzwanzig Jahre später wieder zu öffnen, als die Gräfin bereits dem Tode nahe war.

Mit Mantua, der Hauptstadt ihres Staates, wo ihr Vater Bonifaz begraben lag, muß Mathilde damals besonders hart verfahren sein, wenn wir ihrem Biographen Donizone Glauben schenken wollen. Man sollte ihn allerdings nicht allzu ernst nehmen, da ihm die Stadt in der Poebene als Rivalin seiner Heimat Canossa galt. Im Grunde hatte er recht: Die zu neuem Leben erwachten Städte hatten mittlerweile mehr Einfluß als die Burgen, die Kastelle auf dem Lande, sie waren sogar einflußreicher als die berühmtesten Burgen, Canossa und Monteveglio in den Bergen, Governolo, Nogara und Piàdena in der Ebene. Auch Ferrara bereitete Mathilde ernste Probleme, und Modena, Reggio und Bologna, in deren Umgebung Mathilde große Besitztümer hatte, waren ihrer Herrschaft – formal und faktisch – seit jeher entzogen.

Mathilde begriff die neue Ordnung nicht, die da sowohl in den Städten, aus denen autonome Stadtrepubliken werden sollten, als auch in den ländlichen Gemeinden, die ebenfalls nach Selbstverwaltung strebten, im Entstehen begriffen war. Sie war in der traditionellen Welt des Hochadels aufgewachsen und in dessen Geist erzogen, tief religiös und eng mit jenen machtvollen Klöstern verbunden, welche sich den städtischen und ländlichen Gemeinden immer widersetzt hatten. Deshalb mußten die wichtigsten Orientierungspunkte weiterhin die Kirchen, die Klöster und die Burgen bleiben, die drei Säulen, auf denen die feudale Ordnung gründete.

Donizone, ihr Biograph, liebt es zwar, gewisse Neigungen der Gräfin übertrieben darzustellen, gibt uns aber doch glaubhaft zu verstehen, daß alles in ihr noch mit der alten, in ihrem Kern bereits im Untergang begriffenen Welt verbunden war. Mathilde war so entschlossen, sie fortdauern zu lassen, daß sie auf kein Mittel verzichten wollte, diese Gesellschaftsordnung mitsamt ihrem Machtgefüge am Leben zu erhalten, und am Ende sogar, weil sie selber keine Kinder hatte, den toskanischen Grafen Guido Guerra adoptierte. Dieser stand ihr bis zu ihrem Ende bei, zusammen mit Arduino della Palude, ihrem wichtigsten Vasallen und dem treuesten Gefolgsmann, den sie je gehabt hat.

Als ihr Tod nahte, setzte Mathilde dem Wandel, der die Gesellschaft, insbesondere die Städte ergriffen hatte, keinen weiteren Widerstand entgegen, doch war ihr Augenmerk immer noch auf den Erhalt derjenigen Institutionen gerichtet, die am ehesten Kontinuität gewährleisteten: Kirchen, Klöster und der Adel.

All das bedeutete bereits Krieg. Hinzu kam der Kampf zwischen Papst und Kaiser, bei dem sie, allerdings ohne Erfolg, die Rolle der Vermittlerin zu übernehmen versucht hat.

»Mathilde befand sich in den Ländereien bei Modena; aber schnell wie ein Vogel eilte sie nach Parma«: so lautet eine bezeichnende Episode in einer ganzen Reihe militärischer Aktionen, die die Gräfin organisierte und anführte; und es waren so viele, daß wir sie kaum aufzählen können.

Mathilde nahm auch persönlich an Feldzügen teil. Obgleich sie auch auf dem Schlachtfeld Siege erzielte, darunter häufig sogar entscheidende, waren es doch vor allem ihre Burgen, die sie unanfechtbar machten. Sie besaß sehr viele Burgen, und ein besonders engmaschiges Netz bildeten sie vom Apennin hinunter zum Po, entlang seiner Ufer und nördlich des Flusses. Kaiser Heinrich IV. und sein Nachfolger schraken entsetzt vor der großen Anzahl dieser Festungen zurück, einige erstürmten sie, andere konnten sie nicht einnehmen: viele dieser Festungen ließen sich einfach nicht erobern. Mathilde bevorzugte diejenigen, die besonders wehrhaft waren. Auf dem Höhepunkt des Krieges gegen Kaiser Heinrich IV. brachten vier Festungen, zwei in der Ebene und zwei in den Bergen, die kaiserlichen Truppen in eine ausweglose Situation und entschieden damit über deren endgültige Niederlage.

Aus dem Flachland hinauf zu den Hügeln und Bergen blickend, den Lauf des Po in ihrem Rücken, bildeten diese Festungen eine Kette auf den Ausläufern des Apennin, von den ersten Anhöhen bis ins Innere des Gebirges hinein, wo die Wälder sie vor Blicken verbargen und ihre Entdeckung und Belagerung erschwerten. Andere wiederum, die von den trägen Wassern der vielen Windungen des Po und seiner Zuflüsse umgeben waren, konnten nur mit Booten und

Flößen voller Soldaten angegriffen werden, ein leichtes Ziel für diejenigen, denen die Verteidigung der Burgen oblag.

Wenn der Krieg heftiger tobte und es darum ging, Leib und Leben der Menschen vor den stärker und zahlreicher gewordenen Truppen des kaiserlichen Heeres zu schützen, zog Mathilde sich auf die Berge zurück und suchte Unterschlupf in den dort gelegenen Festungen. 1092 beherbergte sie ihre liebsten und treuesten Anhänger in der Burg von Carpineti im Apennin bei Reggio. Hier hielt man eine berühmte Zusammenkunft ab, die entscheiden sollte, ob man den Krieg fortsetzen oder sich, nach vielen Jahren der Feindseligkeiten, ergeben wolle. Der Beschluß lautete: Fortsetzung, aber er fiel erst, nachdem schwerwiegende Zweifel überwunden waren, die auch Mathilde befallen hatten. Wie Mathildes Biograph berichtet, fand erst Giovanni, ein heiliger Eremit, die richtigen Worte, mit denen er die Anwesenden davon überzeugte, den Kampf nicht aufzugeben. Es war eine glückliche Entscheidung, denn es sollte nur noch sehr wenig Zeit vergehen, bis der Kaiser unterhalb des Kastells von Monteveglio auf den Hügeln um Bologna eine Niederlage erlitt, nachdem die Belagerung der Burg den Feind bis an die Grenze seiner Kräfte gebracht hatte.

Mathilde verbrachte viele Jahre ihres Lebens in den kalten Räumen ihrer Burgen. Das Zeitalter, in dem zu leben ihr beschieden war, bot niemandem besondere Bequemlichkeiten, nicht einmal den Mächtigen: die Beleuchtung war schlecht, die Beheizung durch große Kamine war den eisigen Winden im Gebirge und den kalten Nebeln der Ebene nicht gewachsen, ebensowenig den Regenschauern und dem Schnee, der damals reichlich fiel. Man baute die Festungen überdies häufig gar nicht oder nur teilweise aus Stein. Aus Stein oder Ziegeln waren nur die wichtigsten, die zum Schutze der Furten durch die Flüsse oder Täler errichtet worden waren. Die übrigen waren primitive Anlagen, ganz anders als die kunstvollen Burgen, die uns heute noch erhalten sind. Vor allem im zehnten und im darauffolgenden Jahrhundert bildete oftmals Holz das wichtigste Material, mit dem gebaut wurde: eine hohe Palisade auf einem Erdwall, den ein mit Wasser gefüllter Graben umgab, und im Inneren ein zweistöckiger Turm, ebenfalls aus Holz, wo der Burgherr sich aufhielt; daneben die kleinen Häuser der anderen Bewohner, die Lagergebäude, die Ställe und die Kirche, ebenfalls nicht selten grob aus Holz zusammengezimmert. Andere Festungen – wenn wir sie überhaupt so nennen wollen – bestanden einfach aus einem Wassergraben, der einen Erdwall umgab: die einzigen Schutzmaßnahmen für die im Inneren gelegenen Behausungen.

Viele Bauerndörfer besaßen keine bessere Befestigung, und ihre Herren sorgten nur dann für einen wirkungsvolleren Schutz durch Verstärkung der Umzäunung, wenn sie beschlossen hatten, aus dem Ort einen ihrer Stützpunkte zu machen. Diese Dörfer waren in der Regel kleine Ansiedlungen, wenige Dutzend Meter lang und breit, inmitten einer überwiegend wilden Natur, die sich im Flachland in Gestalt großer Sumpfgebiete, Teiche, Dickichte und tiefer Wälder erstreckte, die unmittelbar hinter den Mauern oder Einzäunungen begannen. Die Flüsse, fast alle nur sehr unzureichend eingedämmt, traten häufig und schnell über ihre Ufer, wodurch das steigende Hochwasser in diese bescheidenen Wohnsitze der Menschen eindringen konnte. Wenn eine dieser »Burgen« erobert worden war, wurde gewöhnlich überall Feuer gelegt oder man ließ die Holzhäuser und die Palisade abbauen, um das Holz woanders hinzubringen. Darum wechselten viele Ortschaften ihre Lage oder verschwanden einfach, und wo der Wanderer noch vor kurzer Zeit in eine Umfriedung aus Holz eintreten und dort gastliche Aufnahme finden konnte, erblickten seine bestürzten Augen nun nur noch verbrannte Pfähle und Balken oder überhaupt nichts mehr. Viele »Burgen« Mathildes waren kleine Dörfer, von der Vegetation fast überwuchert, bewohnt von einem knappen Hundert Menschen oder weniger, denen es an Lebensmitteln und Waffen mangelte. Es war schwierig, zu ihnen zu gelangen, mühsam, sich von einem zum anderen durchzuschlagen, unmöglich, sich bei einer Belagerung ab einer gewissen Größenordnung auf sie zu verlassen.

Viele Burgen waren jedoch furchterregende Festungsanlagen. Menschen und Steine, beides in großer Anzahl, waren nötig, um sie zu errichten. So wie beispielsweise in Brescello, am Po, wo gegen Ende des zehnten Jahrhunderts der Urgroßvater Mathildes eines seiner wehrhaftesten Kastelle hatte erbauen lassen. Als er damals von diesem Ort Besitz ergriff, stand dort ein mit primitiven Mitteln befestigtes Dorf, an das ein weites, mit Büschen überwuchertes Heideland grenzte. Darunter tauchten die Überreste einer römischen Stadt und Festungsanlage auf, die einige Jahrhunderte zuvor zerstört worden war. Ihre Ruinen – Marmorblöcke, Steine, Ziegel – waren noch im Überfluß vorhanden. Der Edelmann ließ viele Menschen herbeirufen, befahl, dieses kostbare Material einzusammeln und errichtete damit eine Umfriedung aus Mauerwerk. Im Inneren ließ er ein Kloster erbauen, das dem heiligen Genesius, dem ersten Bischof der untergegangenen Stadt, geweiht war.

Es wurde zu einem reichen Kloster, da es aber an den Grenzen des Hoheitsgebietes der Canossa lag, schenkte Mathilde ihm keine besondere Aufmerksamkeit. Sie war ganz darauf konzentriert, vor allem die Festungen, Kirchen und Klöster zu besuchen, die im Herzen ihres Staates lagen, der sich immer weiter in Richtung auf die Gegend um Mantua und Verona ausdehnte, und sie durch Schenkungen und Privilegien zu stärken. In dieser Gegend erhob sich das Kastell von Nogara, eine äußerst wehrhafte Burg, die zusammen mit der Burg von Piadena nahe bei Cremona eine der Festungen in der Ebene war, die der Kaiser vergeblich zu erobern versucht hatte.

Durch konsequente Fortsetzung der Politik, die schon ihre Vorfahren verfolgt hatten, wurde Mathilde zu einer immer mächtigeren Herrscherin über jene einst menschenleeren Gegenden, die sich nach dem zehnten Jahrhundert allmählich zu bevölkern begannen; denn obwohl sie weiterhin große Wälder und Sumpfgebiete umfaßten, füllten sich diese Landstriche schon zu Lebzeiten Mathildes langsam mit Dörfern und Burgen, denen ein fortschreitendes, unaufhaltsames Wachstum beschieden war. Die vielen fischreichen Gewässer der Gegend dienten der Tafel der Gräfin, ebenso die Wälder, in denen ihre Jäger (ein Dokument aus dieser Zeit berichtet uns davon) sie mit Wildschweinen, Hirschen und Rehen versorgten, von denen es in den Gebirgswäldern wie in der Ebene nur so wimmelte und die sie für die Bankette an ihren Höfen brauchte, wo sie Päpste, Könige, Kaiser, berühmte Äbte und Bischöfe empfing.

Es kam dem großen Bedarf an Fleisch, der Lieblingsspeise der Adeligen, entgegen, daß die feuchten Wälder der Poebene ein idealer Ort für die Jagd waren, denn das Wild war dort zahlreicher und artenreicher. Häufig scheinen fliegende Vogelscharen den Himmel über Mantua (der wichtigsten Hofhaltung) verdunkelt zu haben, denn es war von Seen umgeben, an denen gerne Sumpfvögel nisteten. In einem Loblied auf die Stadt erwähnt Mathildes Biograph, Mantua sei reich an Vögeln gewesen, auch wenn er dann abschließend bemerken muß, daß diese Stadt von Zwietracht zerfressen war.

Es gibt noch einen Grund für Mathildes Bindung an diese wilden Ebenen. Der Po war eine große, beschiffbare Verkehrsader, von vielen Menschen unterschiedlichster Herkunft befahren und immer wieder von Piraten bedroht: um diese mußte die Gräfin sich kümmern. Als sie dem Tod nahe war, schrieb Donizone, daß nur solange sie noch am Leben sei, niemand die Räuberbanden auf den Flüssen der Poebene fürchten müsse. Mit eiserner Faust hielt diese Frau die Ordnung in ihrem Staatsgebiet aufrecht: dafür gibt es zahlreiche Zeugnisse.

Während der langen Jahre ihrer Herrschaft hat Mathilde aller Wahrscheinlichkeit nach ihren Kastellen schon aus dem Grund besondere Aufmerksamkeit gewidmet, weil sie als Erbin eines mächtigen Adelsgeschlechts mit diesen Burgen eng verbunden war und in ihnen die genaue Verkörperung jener Idee gesehen haben muß, die sie von einem Staatsgebilde und der Verwaltungsstruktur seines Territoriums hatte. Denn diese beruhte ihrer Ansicht nach wesentlich auf jenen militärischen Werkzeugen, als welche die Burgen in erster Linie dienten. Auch die Gesellschaft erschien ihr vor allem durch die traditionsgebundenen Adelshäuser repräsentiert, außerdem durch die Geistlichkeit und die Mönche, die im übrigen fast geschlossen zu ihrer Anhängerschaft gehörten.

Lieber als alle anderen war ihr jener Arduino della Palude, der ihr immer zur Seite stand, sowohl im Unglück als auch in den ruhmreichsten Momenten, bis hin zu ihrem Tod an den nebelverhangenen Ufern des Po. Fromme Verehrung hegte sie für den heiligen Bischof Bonsegnore aus Reggio und für den Abt Alberico, der dem Kloster San Benedetto vorstand. Am teuersten jedoch waren ihr Anselm, der verbannte Bischof von Lucca, und vor allem Papst Gregor VII., den sie in Canossa und später auch in vielen anderen ihrer Kastelle als Gast beherbergte; viel später empfing sie auch den berühmten Abt des Klosters Cluny, Pontius, in dem Dorf in der Poebene, wo sie ihr Leben beschloß. Die Burgen, nicht die Städte bevorzugte Mathilde zum Wohnen, und sie hielt sich – vermuten wir – nicht nur aus Gründen der Sicherheit meist außerhalb der Stadtmauern auf, sondern auch weil sie spürte, daß dort eine neue, zunehmend stabilere Gesellschaftsform heranreifte, die der feudalen Welt, die sie repräsentierte, weitgehend feindlich gesonnen war.

Die Burgen, viele von mächtigen und treuen Lehnsmännern bewohnt, wurden jetzt planmäßiger und gründlicher als in der Vergangenheit verschönert, verstärkt und besiedelt: das Werk einer Frau, die einen großen Teil ihrer Lebenszeit dort verbrachte. Eben diese Lehnsmänner mit ihren Festungen waren die Kraft, die den Kaiser zur Kapitulation zwang, nicht die Städte, die fast alle der Gräfin gegenüber ein zweideutiges, wenn nicht sogar feindliches Verhalten beibehielten.

Es ist also eine ganz und gar ländliche Welt, in der Mathilde sich bewegt, die ihre Gedanken, ihre Phantasien, ihre Träume beherrscht. Dem Betrachter bot sich in manchen Gegenden ein wunderschönes Landschaftsbild dar – so wie auch heute noch: wenn man von den Ruinen der Stammburg Canossa hinüber zu den Bergen blickt, über die Burg Rossena hinweg, an der die Menschen und die Zeit gezehrt haben – parallel zueinander verlaufende Bergketten, die kein

Ende zu nehmen scheinen. Und jede einzelne dieser Festungen ist, obschon von der Zeit und der Unachtsamkeit der Menschen geschändet, noch heute beeindruckend. Wie die Ruinen von Canossa, die, wenn wir sie von Südosten aus betrachten, zusammen mit dem Felsen, der die Ruinen trägt, langsam in sich zusammenzusinken scheinen. Rossena, hoch auf einem steilen Felsen, der es schwer machte, die Burg zu erobern; oder die »Quattro Castella«, von denen eines, Bianello, noch intakt und bewohnt ist, dicht beieinander stehend in einer geschlossenen Gruppe auf der ersten Hügelkette, mit Blick auf die breite Ebene, die vor Reggio Emilia beginnt.

Die Kirchen, vor allem die Gemeindekirchen (die Pfarreien), die Mathilde liebte und häufig mit recht ansehnlichen Gütern ausstattete, stehen noch heute in ihren essentiellen und strengen Formen vor uns; die Gesichter ihrer Skulpturen blicken uns mahnend an, wie das Basrelief von Toano bei Reggio Emilia und viele andere.

In Canossa, in der Festung ihrer Ahnen, hatte Mathilde im kalten und schneereichen Winter des Jahres 1077 Papst Gregor VII., König Heinrich IV. und Abt Hugo von Cluny zu Gast. Diese Januartage gingen in die Geschichtsschreibung ein, weil die Burg zum Schauplatz des berühmten »Ganges nach Canossa« wurde. Schon im Vorjahr war der Konflikt zwischen König und Papst in aller Schärfe ausgebrochen. Nachdem der Papst auf der Synode zu Worms abgesetzt worden war und Gregor im Februar 1076 den Bann über Heinrich IV. verhängt hatte, spitzte sich die Lage zu. Die deutschen Fürsten verlangten von Heinrich, binnen Jahresfrist die Auflösung des Kirchenbannes zu erwirken, andernfalls würde ein neuer König gewählt. Gleichzeitig luden sie den Papst zu Verhandlungen nach Deutschland ein. Als

R ex ROGAT ABBATEM MATHILDIM SUPPLICAT ATQ ;

Der ›Gang nach Canossa‹, König Heinrich IV. als Bittsteller vor
Mathilde, daneben der Abt von Cluny

Heinrich erfuhr, daß Gregor VII. sich bereits auf dem Weg
nach Deutschland befand, beschloß er, dem Papst sowie seinen Gegnern unter den deutschen Fürsten zuvorzukommen. Weihnachten 1076 brach er auf und reiste, begleitet
von seinem Hofstaat und einigen Bischöfen, dem Papst entgegen, der bereits Mantua erreicht hatte. Überall nahm man

an, der König werde mit Gewalt gegen den Papst vorgehen, die papstfeindlichen Städte Oberitaliens empfingen ihn begeistert. Auch Gregor fürchtete um sein Leben, als er von Heinrichs Zug hörte, und brachte sich auf Mathildes Burg Canossa in Sicherheit.

Aber Heinrich hatte etwas ganz anderes im Sinn. Am 25. Januar, dem Tag der Bekehrung des Heiligen Paulus, erschien er vor der Burg, nicht etwa in königlichem Aufzug, sondern im vorgeschriebenen Büßergewand und barfuß. Gregor VII. weigerte sich jedoch, ihn zu empfangen. Drei Tage lang mußte der deutsche König vor dem äußeren Mauerring der Burg warten, auf Knien oder bäuchlings im Schnee liegend, damit der Papst ihn empfing und ihm Vergebung gewährte. Um den Papst weilten seine ergebensten Freunde, Mathilde, die Markgräfin Adelheid von Turin, die Schwiegermutter König Heinrichs IV., und sein Taufpate, Abt Hugo von Cluny. Hugo von Cluny hatte bereits früher oft als Vermittler zwischen den päpstlichen und den kaiserlichen Interessen gedient. Alle Anwesenden warfen dem Papst allzugroße Härte vor, bestürmten ihn, den Bußfertigen zu empfangen. Als Gregor endlich nachgab, war der König schon fortgeritten. Mathilde, die Burgherrin, ließ ihn zurückrufen und führte die Verhandlungen. Unter ihrer Vermittlung kam eine Urkunde zustande, für deren Erfüllung sie sich gemeinsam mit dem Abt von Cluny und einigen Bischöfen aus Heinrichs Partei verbürgte.

Eine nur wenige Jahre später ausgeführte Miniatur zeigt uns die blonde Gräfin auf dem Thron, an ihrer Seite der Abt und zu Füßen der Frau der König, der sich zu ihr hinaufwendet. Was als eine der größten Tragödien der Geschichte bezeichnet wurde, ereignete sich also in Canossa, der Burg Mathildes, nicht in der Stadt, die seit den Tagen der Regentschaft ihres Vaters zur Hauptstadt des Staates geworden war: Mantua. Gleichfalls in einer Burg, in Carpineti, fand die Versammlung der Adeligen und Geistlichen statt, die sich im Herbst des Jahres 1092 der schwierigen Aufgabe unterziehen mußte, über eine Fortsetzung des gefährlichen Krieges gegen den Kaiser zu entscheiden, der Mathilde und ihre Welt, die so eng mit dem Schicksal des Papsttums und der Kirche verknüpft war, in den Untergang hätte ziehen können. Am 28. Januar 1077 erhielt Heinrich IV. in Canossa schließlich Absolution vom Papst, und ein Gedenkstein auf dem Weg, der uns auf den Gipfel des Felsens führt, erinnert noch heute daran (die Inschrift aus Tagen, in denen das Ereignis selbst bereits zu weit zurücklag, um wirklich glaubhaft zu sein, spricht von einer Aufhebung des Kirchbanns).

Es war eine Welt, in der großartige Schauplätze die Seele beflügeln konnten, wo aber eine widerständige Umwelt, die das Leben hart machte, schwerer wog. In der Umgebung erstreckten sich zum Großteil undurchdringliche Wälder, in denen wilde Tiere, aufeinander losgehende Schweineherden und Wölfe umherstreiften. Eine der letzten Schenkungen, die Mathilde ihrem geliebten Kloster von San Benedetto Po machte – kurz vor ihrem Tod –, bestand darin, daß sie den Ordensbrüdern die Freiheit gewährte, ihre Schweine in allen ihren Wäldern weiden zu lassen: man darf nicht vergessen, daß Schweinefleisch damals zu den Grundnahrungsmitteln gehörte.

Zu der wilden Unberührtheit der Landschaft gesellte sich die Grobheit der Menschen, ihre Impulsivität, häufig auch Grausamkeit. Viele Jahre, bevor sie sich im Angesicht des Todes nur noch den Gebeten der Mönche hingab, brach zwischen Mathildes Gefolgsmännern und jenem Kloster, das sie später allen anderen vorziehen sollte, ein erbitterter Streit aus. Es ging um einen großen Wald – unwegsam, doch für die Jagd und als Weideland für die Schweine gut geeignet – sowie um die Grenzziehung zwischen ihrem Besitz und dem Zuständigkeitsbereich des Klosters. Vor allem zwei Männer traten als Vermittler hervor; ihre Spitznamen – einer wurde »der Verrückte«, der andere »der Hund« genannt – sind recht vielsagend, was das Temperament unserer damaligen Vorfahren betrifft. Später mußte Mathilde ihre Verwalter überwachen lassen, weil sie das, was Kirchen und Klöstern gehörte, häufig für sich benutzten und entwendeten.

Darin unterschieden sie sich übrigens nicht von Mathildes Vater, dem mächtigen Markgrafen Bonifaz, der die Kirche von Mantua sehr vieler ihrer Besitztümer beraubt hatte. Der Bischof von Mantua legte ihr viele Jahre später einen genauen Bericht darüber vor. Mathilde zeigte sich daraufhin so freigiebig mit Schenkungen gegenüber dem Prälaten und gegenüber vielen anderen kirchlichen Einrichtungen, daß der Bischof von Mantua schriftlich beurkundete: »Alle Kirchen sind von der Milch Mathildens genährt«.

Aber inzwischen war Mathilde eine weibliche Kriegerin, die, wie es stets heißt, männlich gekämpft und regiert hat (zum Gutteil gegen ihren Willen, wie wir sehen werden), schon im Begriff, ein langes Kapitel ihres Lebens abzuschließen. Denn sie hatte beschlossen, jener gewalttätigen und aufgewühlten Welt den Rücken zuzukehren, sie trotz ihres noch jugendlichen Alters zu verlassen, um ins Kloster einzutreten.

Über das Scheitern der beiden Ehen Mathildes kann man lange nachdenken. Sicher haben diese Ehen auch darunter gelitten, daß die politische Situation sich gewandelt hatte, die ursprünglich zu beiden Eheschließungen führte. Eines jedoch muß dabei unbedingt klargestellt werden: Während der Krieg zwischen Papst und Kaiser sich verschärfte, während sie nach einer kulturellen Rechtfertigung ihrer Regierungsaufgaben suchte, stand die Gräfin ganz allein da. Sie war ohne Bindung, was ein bestimmtes Bild von ihr festigte: Mathilde, christliche Herrscherin, die für die gerechte Sache kämpft – den »Krieg Christi«, wie es damals hieß.

Mathilde beauftragte den Gelehrten Giovanni da Mantova mit einem Werk, das sich unter dem Titel *Kommentar zum Hohen Lied* mit der Beziehung zwischen dem aktiven und dem kontemplativen Leben beschäftigen sollte. Letzteres war nicht nur ein ersehntes Ziel Mathildes, sondern der Traum vieler Edelleute und Könige des Mittelalters, eine irdische Vorwegnahme des Paradieses. Sie hatte den Wunsch, ihr Leben im Kloster zu beschließen, wo das Licht vom Himmel kam, in den Kreuzgängen Gesänge widerhallten und ins Gebet versunkene Ordensbrüder umherwandelten, ein Traum, der die Gemüter und Phantasien der Mächtigen jahrhundertelang bewegte. Massenarmut und tägliche Gewalt nährten diesen Wunsch, die Welt zu fliehen und jene

»Paradiese auf Erden« aufzusuchen, welche die Klöster für viele darstellten. So mancher konnte solcher Verlockung nicht widerstehen. Im Werk des Giovanni da Mantova erhält das kontemplative Leben seine wahre Bedeutung allerdings erst dann, wenn es Licht und Anleitung für die Tat ist, und Mathilde verwirklichte dieses Prinzip, indem sie sich mit Gott vereinigte, seine Braut wurde.

Die Entscheidung war gefallen: Gregor VII. hatte Mathilde von ihrem Plan abbringen können, ins Kloster zu gehen. Zur selben Zeit machte er auch dem Abt von Cluny zum Vorwurf, daß der papsttreue, tapfere Graf Hugo von Burgund bei ihm Aufnahme als Mönch gefunden hatte. »Barmherzigkeit sucht nicht die persönliche Befriedigung« – mit diesem lapidaren Satz machte Gregor Front gegen die Mächtigen, die der Welt den Rücken kehrten, um sich in den klösterlichen Frieden zu begeben. Das elfte Jahrhundert, das mit seinen Krisen den Übergang vom Hoch- zum Spätmittelalter markiert, weil die traditionelle Ordnung zu zerbrechen drohte, die auf einer grundsätzlichen Übereinstimmung zwischen Papsttum und Kaiserreich, zwischen Königen und Feudalherren sowie zwischen Feudalherren und Städten gründete, drängte nach Frieden wie kein Zeitalter zuvor. Darum preist Bonizone von Sutri, ein weiterer Gelehrter aus Mathildes Umfeld, diese Frau als Vorbild für die anderen adeligen Krieger auf Seiten des Papstes: »Schaut auf Mathilde, die erhabene Gräfin, die wahre Tochter des Heiligen Petrus. Nicht weniger als ein Mann, und ohne sich um all das zu bekümmern, was sie umgibt, ist sie bereit, eher zu sterben, als ihrer Verpflichtung untreu zu werden, das Gesetz Gottes zu befolgen.« Dieses Gesetz bedeutete vor allem, den »Krieg Christi« zu führen. Mathilde wird gleich Deborah, Rachel oder anderen, die sich dem Tyrannen widersetzten, als biblische Gestalt vorgestellt. So sieht man sie all die Jahrhunderte, dargestellt mit einem würdevollen und selbstbewußten Gesichtsausdruck, zu Pferde, bewaffnet, als wäre sie eben im Begriff, ins Feld zu ziehen.

»Du wirst Glückseligkeit erlangen, zukünftige Zeitalter werden dich seligsprechen, wenn du niemals aufhörst, den Antichristen und alle Ketzerei, die ihm dient, bis zum Äußersten zu bekämpfen«, versichert Giovanni da Mantova mit kraftvollen Worten. Die Prophezeiung sollte sich erfüllen: viele Jahrhunderte nach ihrem Tod wurde Mathilde bei der Überführung des Leichnams nach Sankt Peter in Rom als Heldin, als Retterin der Kirche im fernen elften Jahrhundert verherrlicht. Nicht zufällig verstärkte sich ihr Andenken im siebzehnten Jahrhundert, als die Kirche so wertvolle Verbündete wieder einmal dringend benötigte, um der neuen Ketzerei Calvins, Luthers und anderer Herr zu werden. Um der Grabstätte Mathildes den gebührend majestätischen Glanz zu verleihen, wurde der große Bernini mit der Gestaltung beauftragt.

Es war für eine mächtige Frau wie Mathilde durchaus nicht einfach, im elften Jahrhundert zu leben, denn es war ein von unzähligen Zerwürfnissen – die von der gesellschaftlichen Basis bis in ihre Spitzen reichten – geprägtes Zeitalter. Vorbei die Zeit hingebungsvoller Betrachtung eines besseren Jenseits, der Fluchten aus der Welt: dieses Jahrhundert lief Gefahr, die Kirche endgültig nurmehr als Dienerin der weltlichen Macht zu erleben. Sie war dem Kaiser und den Bischöfen unterworfen, die schon seit vielen Jahrzehnten zu dessen Vasallen geworden waren, häufig sogar von ihm ernannt, in jedem Fall von ihm abhängig. Anselm von Lucca, der Mathilde so verbunden war, daß er nach dem Tod Gre-

Grabmal von Mathilde von Canossa, Skulptur aus der
Werkstatt Gianlorenzo Berninis, 1633–37

gors VII. zu ihrem einzigen geistlichen Ratgeber avancierte, stellt den christlichen Herrscher als jemanden dar, der handelt, regiert und den »Krieg Christi« kämpft: dahin führt die durch Gott beseelte Tat, die das kontemplative Leben weit überragt. Er hatte sehr wohl Mathilde im Sinn, als er diese Dinge schrieb; und die Gräfin fühlte sich inmitten der Kümmernisse, die ihr der Krieg, der Tod befreundeter Menschen, die Verräter, die häusliche Einsamkeit bereiteten, durch seine Worte gestärkt.

Dies war nicht einmal alles. In dem Teil Mittel- und Norditaliens, zu dem ihr ausgedehntes Herrschaftsgebiet gehörte, wuchsen die Städte fast schwindelerregend schnell an Größe, Einwohnerzahl und Macht und bereiteten ihr große Sorgen. Städte waren autonom geworden, richtige Stadtstaaten, wenngleich im Inneren des umfassenderen politischen Machtgefüges des Kaiserreiches gelegen. Einige von ihnen lagen innerhalb ihres Herrschaftsgebietes, ohne jedoch Teil davon zu sein; andere gehörten dazu, aber begehrten auf, rebellierten, entzogen sich jeder ihrer Rechtsverfügungen, wie es vierundzwanzig Jahre lang ausgerechnet die Hauptstadt Mantua tat.

Das Kaiserreich unterstützte die Städte, um das Bündnis zwischen dem Papst und Mathilde nur ja zu schwächen. Heinrich IV. hatte den Städten auf Mathildes Territorium wichtige Privilegien erteilt: Er garantierte ihnen Schutz gegen Angreifer – im Umkreis von sechs Meilen durften keine Burgen errichtet werden –, ungestörten Handel und Verkehr und eine Gemeindeverfassung. Mantua erhielt nach seiner Kapitulation 1091 die Befreiung von Ufergeldern und Zöllen.

Und nicht nur das: Der Kaiser wiegelte andere Großgrundbesitzer gegen die Familie Canossa auf. Dieses feindselige Verhalten, zu dem mancherlei Gründe Anlaß gaben, führte schließlich zu einer der blutigsten Schlachten, die Italien im elften Jahrhundert erlebte. In Coviolo bei Reggio Emilia trugen Mathildes Vater Bonifaz und ihr Onkel Corrado nach einem furchtbaren Kampf den Sieg davon. Die Hufe der Pferde stampften im Blut der Toten und Verletzten umher, wie aus dem Bericht des Mönchs Donizone hervorgeht. Wegen ihrer Grausamkeit wurde die Schlacht dann zu einer furchterregend ausgeschmückten Legende: die Lanze des Bonifaz erscheint den Feinden unendlich lang, ihr Ende kaum mehr sichtbar, ebenso das Schwert seines Bruders Corrado. Dieser starb wenige Tage später an den Wunden, die er in der Schlacht davongetragen hatte.

Auch Mathilde scheint, bevor der Krieg zwischen dem Papst und dem zukünftigen Kaiser Heinrich IV. ausbrach, an dem sie sich in vorderster Front beteiligt sah, die kriegerischen Gepflogenheiten ihrer Familie fortgesetzt zu haben. Die Überlieferung spricht von zwei bewaffneten Auseinandersetzungen mit den Normannen, an denen sie im Alter von 21 und 28 Jahren, gemeinsam mit ihrem Stiefvater Gottfried von Lothringen, teilgenommen haben soll. Ob sie nun in den Kampf direkt verwickelt war oder nicht, diese Unternehmungen zeigen doch, daß sie bei kriegerischen Handlungen zugegen war, Gewalttaten und Morde miterlebte, sei es, daß sie diese mit eigenen Augen sah, sei es, daß ihr die Kunde von diesen Taten von Angehörigen und Freunden mit brutaler Unmittelbarkeit überbracht wurde.

Es fällt uns nicht schwer zu glauben, daß die Greuel des Blutvergießens – zusammen mit anderen, tiefergehenden Gründen – in ihr den Wunsch geweckt haben, diese gnadenlose Welt zu verlassen und sich ins Kloster zurückzuziehen. Auch wenn der Papst sie schließlich von diesem Schritt abhalten konnte, und sie sich auf viele militärische Unternehmungen einließ, gibt es doch keine Beweise dafür, daß sie diese Kämpfe mit Verbissenheit oder enthusiastischer Hingabe ausgetragen hätte. Sogar die Chronisten der gegnerischen Seite sprechen von ihr nicht als einer grausamen, kriegslüsternen Frau, was sie zweifellos getan hätten, wenn es einen Anlaß dafür gegeben hätte, denn sie sparten andererseits nicht mit Beleidigungen Mathildes. Die Denkmäler ihr zu Ehren, die Gemälde und Miniaturen mit ihrem Bild zeugen teilweise durchaus von einer Aufmerksamkeit für ihre Rolle als Kriegerin, denn sie zeigen Mathilde auch bewaffnet, mit Rüstung, Helm und Schwert. Aber auch in diesen Darstellungen gibt es nicht den leisesten Anflug einer Haltung, die eine besondere oder gar vorherrschende Neigung zum bewaffneten Kampf verriete.

»Mathilde selbst bereitet ihre Truppen auf den Krieg vor und steht an ihrer Spitze. Die Nächte und die Kälte ermüden sie nicht, sie läßt ihre Männer nicht im Stich.« So schreibt ihr Zeitgenosse Rangerio, der auf der päpstlichen Seite stand und ein Mann der Kirche und Verfasser der *Vita* des Anselm von Lucca war. Ihm geht es offensichtlich darum, jeden Zweifel an Mathildes treuer Erfüllung ihrer Pflichten, in diesem Fall ihrer militärischen Pflichten, auszuräumen. Diesen Pflichten nachzukommen, ist die Gräfin aufgerufen, wie alle ihr nahestehenden Gelehrten verkünden: denn es geht um den »Krieg Christi«, den zu führen die gegnerische Seite vor allem Papst Gregor VII. vorwirft. Er wird für schuldig befunden, sich mit dem Blut unzähliger Christen befleckt zu haben. Er habe die Aufgaben seines priesterlichen Amtes verletzt, sich gegen das Kaiserreich und gegen die gottgewollte Ordnung gestellt.

Tatsächlich hat dieser Papst wie kein anderer in der Geschichte des Papsttums Kirchenpolitik mit Waffengewalt betrieben. Vom ersten Jahr seiner Regierung an hat er dabei auf die Unterstützung der toskanischen Truppen unter Beatrix und Mathilde gezählt. Schon 1074 rief er zum Feldzug gegen die in Süditalien herrschenden Normannen auf, ein Jahr später legte er die Richtlinien seiner geplanten großen Kirchenreform unmißverständlich dar. Aus seiner 1075 verfaßten Schrift *Dictatus papae*, in der er die Laieninvestitur verbietet, sich selbst als unumschränktes Oberhaupt der Universalkirche bezeichnet und sich allein das Recht zuspricht, nicht nur hohe geistliche Ämter zu vergeben, sondern Könige und Kaiser ein- und abzusetzen, geht sein Anspruch auf die Vormachtstellung der Kirche über das Reich klar hervor.

In den Jahren darauf vertiefte sich die damit aufgerissene Kluft immer mehr. Ein deutscher Gegenkönig, unzählige Gegenbischöfe und -äbte wurden ernannt, und 1080 erhob Heinrich IV. den Erzbischof Wibert von Ravenna, der aus einer Seitenlinie des Hauses Canossa stammte, zum Gegenpapst Clemens III. Damit antwortete Heinrich auf die Erneuerung des Kirchenbanns, die Gregor auf der Jahressynode 1080 ausgesprochen hatte.

Für Gregor stand damals bereits fest, daß die Entscheidung auf dem Schlachtfeld fallen mußte. Längst hatte er mit Hilfe seiner Anhänger in Deutschland, Frankreich und Spanien ein Heer aufgestellt. Mit Hilfe dieser Streitkräfte sowie Mathildes Truppen zog er gegen die kaisertreuen norditalienischen Städte. Im Herbst sollten Mathildes Truppen Ravenna von Norden her angreifen. Es begannen die langen Jahre bewaffneter Auseinandersetzungen zwischen Heinrich IV. und Papst Gregor VII., die sich unter ihren Nachfolgern fortsetzen und Mathilde noch stärker in das Kriegsgeschehen verwickeln sollten.

Mit eigenen Händen hat Mathilde jedoch niemals zum Blutvergießen beigetragen. Anders ließe sich das Schweigen ihrer Feinde in diesem Punkt, der im ganzen Mittelalter Thema von Disputen und Streitgesprächen war, nicht erklären. Ebenso blieben uns die konkreten Beweise tiefer Religiosität unerklärlich, und wie sonst wäre ihre Sehnsucht nach dem Klosterleben zu verstehen, die sie mehr als einmal bekundete, sowohl vor als auch nach der schrecklichen Zeit (1080–1092), in der sie erbittert gegen den Kaiser Krieg führte.

Der Krieg

Im Spätherbst des Jahres 1076 begann es überall heftig zu schneien, und der Winter, einer der strengsten, den es je gegeben hatte, kündigte sich mit besonderer Härte an. Der Schnee sollte bis in den März des folgenden Jahres hinein liegenbleiben und die Länder nördlich wie südlich der Alpen eisig umklammert halten. Der Po fror zu, wurde zu einer langen, gefährlichen Straße; die Wälder erstarrten unter schneebedeckten Bäumen. Die Menschen sahen sich mit einer Naturkatastrophe konfrontiert, wie sie in damaliger Zeit nur schwer bewältigt werden konnte. Es schien, als ob sich die scharfen politischen und religiösen Auseinandersetzungen zwischen dem Papst und dem König in diesem furchtbaren Sichaufbäumen der Natur widerspiegelten.

Knapp ein Jahr war seit der Synode von Worms vergangen, bei der vierundzwanzig deutsche Bischöfe, unter Vorsitz des Erzbischofs von Mainz, dem Willen des Königs entsprochen und den Papst für abgesetzt erklärt hatten. Darauf verhängte der Papst den Kirchenbann über Heinrich IV. und hob den Treueeid gegenüber dem König auf. Im Verlauf dieses Jahres fanden weitere Versammlungen in Deutschland statt, und es wurden im regen Austausch Briefe und Botschafter zwischen den beiden höchsten Vertretern der weltlichen und der geistlichen Macht hin- und hergeschickt. Doch das Zerwürfnis schien kaum mehr schlichtbar zu sein.

Die Lage des Königs begann sich zu verschlechtern, für viele Fürsten und Bischöfe in Deutschland und Italien war die Exkommunikation durch den Papst ein willkommener Anlaß, Heinrich den Gehorsam zu verweigern. Herzog Gottfried von Lothringen, der frühere Gemahl Mathildes, auf den Heinrich am meisten gezählt hatte – er soll nämlich aus Neid auf Mathildes Machtstellung und aus Eifersucht auf ihren Vertrauten, den Papst, zum Gegner Gregors VII. geworden sein und Heinrich zu dem Beschluß von Worms gedrängt haben –, war schon im Februar 1076 ermordet worden. Im darauffolgenden Januar begab sich Heinrich nach Italien, möglicherweise bereits mit der Absicht, die Absolution vom Kirchenbann zu erhalten. Die Begegnung mit Gregor VII. sollte dann in Canossa stattfinden: die Stammburg, die als die sicherste Festung der Familie Canossa galt, bot dem Papst und einigen der bedeutendsten Persönlichkeiten der Zeit, dem Abt von Cluny und der Markgräfin Adelheid, außerdem natürlich Mathilde, gastliche Aufnahme.

Es heißt, daß Heinrich drei Tage warten mußte, bevor er in die Burg eingelassen wurde, um Vergebung zu erlangen. Wenn wir uns die sehr viel härteren Bußen vor Augen halten, die damals in Fällen schwerer Verfehlungen ausgesprochen wurden, zögern wir keinen Augenblick, denen zu glauben, die uns den König als Büßer beschreiben, vor dem äußeren Mauerring der Burg, barfuß, nur mit einem rauhen Wollhemd bekleidet und ohne den Pelz, in den die Mächtigen, und nicht nur sie, sich damals zu kleiden pflegten. So beschreibt auch der Papst selbst in einem seiner Briefe die Buße Heinrichs, wo er außerdem die eigene Härte in dieser Situation eingesteht, zu deren Lösung schließlich Mathilde von Canossa, Adelheid von Susa, die Schwiegermutter des

Mathilde von Canossa und Papst Gregor VII., Skulptur von Carmela Adani, 1956

Königs, und der berühmte Abt Hugo von Cluny einen Großteil beigetragen haben.

Sicher, Präzedenzfälle hatte es durchaus gegeben: etwa ein
Jahrhundert zuvor hatte Kaiser Otto I. einen Papst absetzen
lassen, und mit der Vergabe von hohen Reichsämtern an
Geistliche seiner Wahl gleichzeitig jene Politik eingeleitet,
die den Hauptgegenstand des Streites zwischen Heinrich
und Gregor bildete. Oder man denke an das vergleichbare
Verhalten Heinrichs III., des Vaters von Heinrich IV.: er kam
auf nicht weniger als drei abgesetzte Päpste! 1046, im Ge-
burtsjahr Mathildes, ersetzte er gleich zwei Päpste, Benedikt IX. und dessen Nachfolger Gregor VI., durch deutsche
Päpste seiner Wahl.

Mitte der siebziger Jahre des elften Jahrhunderts war der
Kampf zwischen den höchsten Vertretern der weltlichen
und kirchlichen Macht offen ausgebrochen. Die Kirche duldete es nicht mehr, daß ihre Bischöfe im Grunde bloß Vasallen des Kaiserreichs waren, wie es seit der zweiten Hälfte
des vorangegangenen Jahrhunderts Usus geworden war.
Als Gregor VII. 1075 die Laieninvestitur, also die Verleihung
geistlicher Ämter durch weltliche Herrscher, verbot, kam
das einer Kriegserklärung an den deutschen Kaiser gleich.
Denn das deutsche Reich wurde vor allem mit Hilfe der
Bischöfe regiert, die in Deutschland reicher und mächtiger
waren als überall sonst. Da auf die ehrgeizigen Fürsten wenig Verlaß war, mußte der Kaiser befürchten, einen großen
Teil seiner Macht einzubüßen, wenn er der Unterstützung
der von ihm eingesetzten Kirchenmänner nicht mehr sicher
sein konnte.

So sahen selbst die Kaiser die Notwendigkeit, die politischen Strukturen des Reiches zu klären und zu verändern,
zumal sie vom Reformwillen der Bischöfe, Äbte, Mönche

und, warum auch nicht, sogar vom einfachen Volk gedrängt wurden, das die Heiligkeit von Kirchenmännern nicht anerkennen wollte, die vor allem politische Funktionen innehatten. Diese erhielten nämlich ihr kirchliches Amt häufig, weil sie dafür Geld bezahlten; sie lebten meistens mit Frauen zusammen, ja, viele Priester waren sogar verheiratet. Folge der Tatsache, daß sie sich weniger zu Dienern Gottes als zu Vertretern der weltlichen Macht berufen fühlten.

Sogar die Päpste – und ihre Absetzung durch den Kaiser ist der Beweis – wurden nur dann auf dem Stuhl des Petrus zugelassen, wenn ihre Loyalität gegenüber dem Reich eindeutig feststand. Die Zuspitzung all dieser Probleme machte eine umfassende Reform notwendig und veranlasste die Kirche, sich eine Geschlossenheit, Einigkeit und einen straff hierarchischen Aufbau in ihrem Inneren zu geben wie nie zuvor in ihrer Geschichte. Wenn sie darin auch die Monarchien nachahmte, die in dieser Zeit immer mehr erstarkten, gründete dieser Wandel sich doch vor allem auf die Notwendigkeit, einem Zustand Einhalt zu gebieten, in dem die religiösen (und auch politischen) Handlungsweisen von Bischöfen und Äbten stark voneinander abwichen, uneinheitlich und unvereinbar waren. Da diese sich nämlich in erster Linie als Machthaber verstanden und weniger als Mittler zwischen den Gläubigen und Gott, zwischen der irdischen Welt und dem Reich der Seligen, predigten sie ganz unterschiedliche Lehren und Glaubensinhalte, statt Bewahrer der *einen* Lehre und des *einen* Glaubens zu sein.

In dem Jahrhundert, in dem die Begegnung von Canossa stattfand, hatten sich die Lehrmeinungen innerhalb der Kirche weitaus stärker als in der Vergangenheit vervielfacht und auseinanderentwickelt. Es fehlte an einer soliden gemeinsamen Grundlage, und diese verworrene Situation erklärt das Streben nach Einheit, einer unanfechtbaren Einheit natürlich, in der Lehre, im theologischen und moralischen Denken. So weiterzumachen wie bisher, hätte das Ende bedeutet. Aus diesem Grund wurde in Canossa einer der schwierigsten Augenblicke für die Christenheit verhandelt, und Papst und Kaiser konnten nicht wieder zurück, da sie sich vor die Notwendigkeit gestellt sahen, einschneidende Maßnahmen zu ergreifen. Sie mußten einer langen historischen Fehlentwicklung Einhalt gebieten, die im Grunde schon bis auf Karl den Großen und in manchen Aspekten sogar noch weiter zurückging.

Die Absolution von Canossa bedeutete jedoch nur eine Pause, überdies eine kurze, denn die ganze Situation mußte die gegnerischen Parteien zwangsläufig in den Krieg hineinziehen. Die Interessen insbesondere der Bischöfe hatten sich mittlerweile verfestigt, der Papst hingegen war nicht mehr willens, die weitreichenden sakralen Machtbefugnisse bei König und Kaiser anzuerkennen. Mathilde, die in sehr enger Beziehung zum Papst, zu den Bischöfen und Äbten stand, wußte davon, und es ist anzunehmen, daß sie harte Zeiten erwartete.

Der Krieg prägte besonders die Jahre von 1080 bis 1092. Aber auch nach 1092 flammten die Kämpfe immer wieder auf, und zu ihren Hauptakteuren zählte weiterhin die Gräfin. Nach dem Tod Heinrichs IV. verteidigte Mathilde allerdings nur noch ihre eigenen Ländereien und unterstützte die Kirche nicht mehr, wie unter Gregor VII., auf Feldzügen nach Süditalien. Bis zum bekannten Wormser Konkordat im Jahr 1122 – also lange nach Mathildes Tod –, auf dem der Investiturstreit endgültig beigelegt und Grundprinzipien der Trennung zwischen Reich und Kirche besiegelt werden konnten, hörten die Streitereien und Auseinandersetzungen zwischen den Anhängern der traditionellen Ordnung und ihren Gegnern, die theoretischen Disputationen und der Kampf um die Ausübung von wirklichen oder vermeintlichen Rechten nicht auf. (Im Grunde waren die Fragen auch danach nicht wirklich geklärt.)

Dieser lange Krieg wurde nicht nur mit Waffen geführt, sondern auch von unterschiedlichen, häufig einander genau entgegengesetzten Positionen schreibend und handelnd ausgetragen. Es gab in diesem Streit Momente von äußerster Spannung und starker Dramatik, Momente des Schwankens auf der einen Seite wie auf der anderen. All das bedrückte Mathilde sicherlich ganz besonders, es war eine Prüfung ihrer Charakterfestigkeit sowie ihres Vertrauens in die Verbündeten und den Sieg. Denn militärische Mißerfolge, Demütigungen und Prestigeverlust mußte sie häufig genug hinnehmen. Im Jahre 1080 erlitt sie eine vernichtende Niederlage, von der später ausführlicher die Rede sein wird: Prälaten und Adelige hatten in einer Feldschlacht über sie gesiegt. Unmittelbar danach erklärte Heinrich IV. sie in Lucca für geächtet, aus dem Reich verbannt, all ihrer Rechte beraubt und ihrer hohen Stellung enthoben. Solch eine Strafe war damals nicht leicht zu verhängen und wog umso schwerer, als Städte wie Lucca und Pisa sich daraufhin von Mathilde abwendeten und es ihr schwer machten, die Markgrafschaft Toskana zu regieren.

Das Grundmotiv aus Mathildes Leben, ihr Wunsch, die Welt zu verlassen, in der sie sich nicht aufgehoben fühlte, und endlich den Frieden eines Klosters zu genießen, muß damals stärker denn je zuvor in ihr geklungen haben. Mathilde hegte diese Sehnsucht fortwährend, aber manchmal war sie besonders stark; so zu erfahren aus den Worten, die beispielsweise Anselm von Aosta während jener langen, quälenden Kriegsjahre an sie gerichtet hat. Der fromme Mann erinnerte sie daran, daß sie schon immer nach dem klösterlichen Leben gestrebt habe. Er riet ihr, den Schleier bereitzuhalten, damit der Tod sie inmitten dieser verworrenen Ereignisse nicht überraschen könne.

1091 wurde ihr der wohl schwerste Schlag versetzt, als die Hauptstadt Mantua, Inbegriff einer uneinnehmbaren Festung, in die Hände des Kaisers und seiner italienischen Hilfstruppen aus der kaisertreuen Lombardei fiel. Die einer Festung gleichende Stadt, von Seen umringt und beschützt, in der seit Bonifaz' Zeiten der Hof ansässig war, hatte sich ergeben. Ein deutlicheres Zeichen der Niederlage hatte es nie zuvor gegeben; Gregor VII. und Anselm von Lucca, die Mathilde im Kampf hätten beistehen können, waren nicht mehr am Leben. Die militärische Streitmacht der Gräfin begann sich aufzulösen: eine nach der anderen ergaben sich die Burgen und befestigten Siedlungen dem Kaiser, und Mathilde mußte die wehrhafteren Burgen in den Bergen aufsuchen. Im Herbst des Jahres 1092 standen viele ihrer Getreuen kurz davor, endgültig die Waffen zu strecken, jeder Wille, den Kampf fortzusetzen, hatte sie verlassen. Auch der Bischof von Reggio, der fromme Eriberto, verkündete diese Ansicht bei jener Versammlung, die in einer der sichersten Burgen Mathildes in den Bergen bei Carpineti abgehalten wurde. Auf dieser Zusammenkunft sollte nicht einmal Ardino della Palude, der treueste aller Vasallen der Gräfin, für die Fortsetzung des Kampfes plädieren. Nur die mahnende Stimme des Eremiten Giovanni erhob sich – erzählt Donizone –, um die Anwesenden davon zu überzeugen, die Waffen nicht niederzulegen und auf diese Weise nicht lange Jahre des Krieges, unendlich viele Mühen und Hoffnungen hinfällig zu machen.

50

Mehr als alles andere mußten Mathilde die Beleidigungen, die Schmähungen durch ihre Feinde bedrücken. Der Bischof Benzone d'Alba bedachte sie beispielsweise mit dem Wort »Weibchen«, womit er ihr Bild gegenüber dem eindrucksvollen Herrschaftsapparat des Kaisers und seiner mächtigen Anhänger verkleinerte. Schlimm waren auch die bösen Nachreden, der Versuch, sie lächerlich zu machen, als man behauptete, daß Papst Gregor sich auf einen »Weibersenat« stütze.

Zu den Frauen im engsten Umkreis Gregors VII. gehörten neben Mathilde und ihrer Mutter Beatrix auch die Mutter des Kaisers Heinrich IV., Agnes, die sich seit ihrem Sturz als Kaiserin im Jahre 1062 ständig in Rom aufhielt und sich, gegen ihren Sohn intrigierend, ganz auf die Seite des Papstes gestellt hatte. Tatsächlich war Agnes mehrmals als Sendbotin des Papstes aufgetreten. Mit dem Vorwurf, Papst Gregor bediene sich nur Frauen als Ratgeber, sollte in erster Linie der übereifrige Vorkämpfer des Zölibats getroffen werden.

Durchaus verbreitet war eine gewisse Misogynie, die mächtige Feudalherren und Kirchenmänner gegenüber denjenigen Frauen hegten, die »sich anmaßten«, an die Stelle der Männer zu treten. Mehr noch, es gab auch Gerüchte über die nicht gerade keuschen Beziehungen zwischen Mathilde und dem Papst. Aber die schwerste Anklage lautete, die Ordnung des Reiches zerstört, Christen gegen Christen aufgebracht zu haben und am Blutvergießen auf beiden Seiten schuldig zu sein. Diese Vorwürfe müssen Mathilde schwer zu schaffen gemacht haben, auch wenn viele ihrer Verbündeten weiter auf sie einredeten, daß der Krieg ein heiliger war. Schließlich sei sie zur »Braut Christi« erkoren, habe ihr Privatleben wie ihr Bild in der Öffentlichkeit der Sache des Papstes geopfert.

Wenn wir uns vorzustellen versuchen, was ihre Gedanken damals bewegt haben wird, sollten wir uns die zu ihren Lebzeiten und bald darauf angefertigten Bildnisse vergegenwärtigen. Sie zeigen eine traurige und sanftmütige Mathilde. Es gibt eine Reihe von Bildern, die in dieser Tradition stehen, womit auf ihren inneren Konflikt zwischen der Sehnsucht nach dem kontemplativen Leben und den Verpflichtungen im aktiven, gesellschaftlichen Leben hingewiesen wird. Lea und Rachel, Martha und Maria, an wem sollte sie sich orientieren? Lea und Rachel liebten das Gebet und die Vorstellung von der jenseitigen Welt, setzten jedoch ihren Glauben in Taten um, versuchten eine Wirklichkeit zu verändern, die solchen Gedanken in vielerlei Hinsicht feindlich gesonnen war. Martha und Maria dagegen strebten ausschließlich nach Vervollkommnung der eigenen Person, sie waren sozusagen Nonnen, lange bevor das Leben im Kloster zur offiziellen Einrichtung wurde. Vor langer Zeit hatte der Papst Mathilde und ihre Mutter aufgefordert, an ihrem Platz zu bleiben, auf das Kloster zu verzichten und das zu tun, was auch er aus Barmherzigkeit, aus wahrer Liebe zu Gott und den Mitmenschen, im Streben nach dem Wohl aller, getan hatte. Hatte sie richtig gehandelt oder falsch?

Da wendete sich der Krieg plötzlich zum Besseren: Im September 1092 endete die zweimonatige Belagerung der Burg von Monteveglio, unweit von Bologna, für den Kaiser mit einer Niederlage. Das gleiche geschah kurz darauf im Oktober vor den Mauern von Canossa, wo ein dichter Nebel die kaiserlichen Truppen zerstreute. Heinrich IV. entfernte sich und zog sich an das nördliche Ufer des Po zurück, wo andere Burgen, Piadena und Nogara, ihm erfolgreich Widerstand geleistet hatten. In seinen Händen verblieb Mantua, und das zwiespältige oder feindliche Verhalten der anderen Städte gegenüber Mathilde dauerte ebenfalls an. Man darf jedoch getrost behaupten, daß die Partie im wesentlichen gewonnen war. Das dichte Netz der Burgen Mathildes hatte wieder einmal und diesmal für immer den Sieg herbeigeführt.

Die Bildnisse Mathildes, die zu ihren Lebzeiten – oder kurz danach – entstanden sind, unterstreichen ihr außergewöhnlich sanftmütiges Wesen. Mit feinem Pinselstrich offenbaren es uns ihre Augen auf der Miniatur der Handschrift von Admont (Steiermark), die in Minnesota aufbewahrt wird und wahrscheinlich eine Kopie der Miniatur aus dem *Buch der Betrachtungen und Gebete* darstellt, das sich Mathilde vom Heiligen Anselmo d'Aosta als Geschenk erbeten hatte. Der Blick ähnelt – auch wenn er weniger durchdringend ist – durchaus dem Blick, den sie uns in zwei anderen Miniaturen zuwendet, offenbar Arbeiten ihres Biographen Donizone, die in der von ihm verfaßten Handschrift enthalten sind.

Auf einer dieser Miniaturen sehen wir neben dem Thron, auf dem die Herrscherin unbewaffnet und friedfertig sitzt, einerseits Donizone selbst, der ihr seine Handschrift überreicht, andererseits einen Edelmann, möglicherweise Arduino della Palude, ihren treuen und mächtigen Vasallen, der ein langes Schwert mit der rechten Hand gegen die Brust preßt. Er hat das Symbol militärischer Macht in der Hand, nicht Mathilde, sie hält zwischen zwei Fingern eine Blume, vielleicht die Blüte des Granatapfelbaumes. Auf späteren Bildnissen sieht man sie häufiger mit der Frucht dieses Baumes, die die Tugenden der Gottesmutter symbolisiert. Wahrscheinlich soll die Frucht in der Hand Mathildes, die so viel für die Sache der Kirche, der Gerechtigkeit und der Wahrheit tat, auf das hinweisen, was die Fülle guter Taten am besten symbolisiert, ein aktives Leben nämlich, das ihr so viele Jahre lang fast keine Ruhe gönnte.

Später verschwand das Bild Mathildes als weiser, heiterer und sanftmütiger Frau hinter einer Darstellungstradition, die ihre kriegerischen Züge immer stärker betonte. Das Interesse galt nun ihrer Person als der Verbündeten Gregors VII., als seiner Retterin und Verteidigerin der Kirche. Diese Idee wurde zwischen dem sechzehnten und siebzehnten Jahrhundert weiter bestärkt, als die katholische Kirche erneut innere Zerreißkämpfe befürchten mußte und neue Kriege um religiöse Fragen im alten Körper der Christenheit aufflammten. Das Standbild in San Benedetto Po, auf dem Palazzo degli Abati, zeigt sie folgendermaßen: in der Rechten ein großes Schwert, die Linke auf einen langen Schild gestützt, mit einer schweren Rüstung, die männlichen Beine halbnackt. Im Petersdom in Rom hält sie das Szepter in der rechten Hand, während die Linke die Schlüssel und die Tiara umklammert. Die Erscheinung ist majestätisch, der Körper kraftvoll, ehrfurchtgebietend und einschüchternd. Engel, Säulen und viele weitere schmückende Elemente unterstreichen den Eindruck außergewöhnlicher Erhabenheit.

Eine ganz andere Wesensart lassen die Augen Mathildes auf den Bildnissen durchscheinen, die zu ihren Lebzeiten oder in den ersten Jahren nach ihrem Tod entstanden sind. Deutlich meinen wir ihre Traurigkeit in der Miniatur aus Admont wie auch auf dem Gemälde von Bianello zu erkennen. Hier ist sie mit dem Granatapfel in der rechten Hand und mit einem langen, dünnen Stab in der Linken dargestellt. Das Werk, das möglicherweise aus dem dreizehnten Jahrhundert stammt, wurde in einer der berühmtesten und von ihr besonders geliebten Burg angefertigt, von der man zu Recht annehmen darf, daß dort die Erinnerung an Mathilde besonders lebendig geblieben ist. Die Augen haben einen deutlich melancholischen Ausdruck, der verständlich wird, wenn man die vielen schmerzlichen Ereignisse in ihrem Leben und das Opfer vor Augen hält, das sie »aus Barmherzigkeit« gebracht hat, indem sie sich – vermutlich – sogar zum Kriegführen zwang.

Der Krieg war ein Erbe der Familie, und sie bürdete sich dieses Erbe auf, vor allem, um die gerechte Sache im Namen der Kirche zu verteidigen, die mühsam um Unabhängigkeit von der Macht weltlicher Herrscher rang. Die Worte, die die Gräfin bei ihren Schenkungen an Mönche und Priester richtete, bezeugen unmißverständlich ihre tiefe Verbundenheit mit jener Gottesfürchtigkeit, Barmherzigkeit und Demut, die diese Männer einst gelobt hatten. Mathilde bemühte sich sehr, diese Tugenden in den ihnen zugedachten Schenkungsurkunden hervorzuheben.

Die Formel, mit der Mathilde ihre Schriften unterzeichnete, ist so einzigartig, daß auch sie ihre tiefe Religiosität offenbart: *Matilda Dei gratia si quid est*, »Mathilde, die nur durch Gottes Gnade etwas ist«. Diese Formel taucht im Laufe der Jahre immer häufiger auf, und wenn sie einerseits Mathildes Rolle einer christlichen Herrscherin bekräftigen soll, so dient sie andererseits dazu, Ausdruck ihrer tiefsten religiösen Bedürfnisse zu sein, jenes Lebens in Betrachtung und Gebet, dem Mathilde sich in den letzten Jahren dann sehr viel stärker hingeben darf als in der Zeit der Kriege. Der Kreis schließt sich, als Mathilde den Entschluß faßt, in der Nähe des Familienklosters San Benedetto Po zu leben.

Mathilde auf dem Thron, links ihr Biograph Donizone von Canossa, der ihre *Vita* überreicht, rechts ein bewaffneter Edelmann, wahrscheinlich Arduino della Palude

Im Grunde ist sie jetzt bei der Verwirklichung ihres alten Traumes vom Klosterleben angekommen: bewegungslos im Gebet versunken, den Blick starr auf die kleine Kirche gerichtet, die Kapelle des Heiligen Jacobus, die sie wie eine Tür zum Paradies bis zu ihrem Tod immer vor Augen hat.

Mathilde als Kriegerin, Standbild, 1692, auf dem Palazzo degli Abati in San Benedetto di Polirone

Mathilde hatte den Festungen im Gebirge, ihrer wichtigsten Stütze im Krieg, den Rücken gekehrt und war in ein Gebiet gezogen, das durch die Existenz des Klosters San Benedetto, seine zahlreichen Kirchen, seine Hospize für Pilger und Wanderer sozusagen geweihte Erde war. Fast eine Vorwegnahme des Jenseits.

Es ist schwierig, einzelne Züge – nicht des Charakters, den zu erfassen man kaum hoffen darf –, doch wenigstens individuelle Merkmale im Verhalten eines Menschen allein mit Hilfe von überlieferten Zeugnisse zu rekonstruieren. Jeder sieht im anderen instinktiv nur das, was ihn am meisten berührt oder am Herzen liegt; daraus entsteht immer ein einseitiges Bild, ob man nun von ihm spricht oder schreibt, ihn malt oder sonstwie sein Gesicht und die Bewegungen des Körpers festhält. Wenn wir nun auch noch versuchen, uns einer Frau wie Mathilde zu nähern, die im Hochmittelalter gelebt hat, stoßen wir auf Kategorien des Denkens, die von den unseren sehr verschieden sind.

Denn in jenen Zeiten gehen religiöse, politische und gesellschaftliche Vorstellungen dem Individuum voraus: die Systeme haben Vorrang vor dem einzelnen Menschen. Dieser kann jedoch, wenn auch nicht häufig, als Individuum auftreten und sich zwischen den geistigen Einstellungen seiner Zeit einen eigenen Weg bahnen, wenn sein Denken sich durch eine ausgeprägte Eigenart auszeichnet und entsprechendes Handeln seinen Ruhm wirksam verstärkt. Er muß dabei aber immer weit mehr auf die gesellschaftlichen Gruppierungen als auf ihre einzelnen Mitglieder achten. Es gibt Lebensgeschichten von Heiligen, wo uns außer den Erinnerungen, die unter dem Diktat eines der traditionellen Auffassung von Heiligkeit verpflichteten Ideals entstanden sind, auch persönliche Züge des Betroffenen vermittelt werden. Auch Bilder, die die Zeiten überdauert haben, können so etwas nicht überliefern; nicht alles ist vom Stil diktiert, sondern ein Detail, manchmal sogar viel mehr, durchbricht das Schema und kommt als Gebärde, als persönliches Verhalten zum Vorschein.

Wir gestatten uns also, Sanftmut in den Augen Mathildes zu erkennen, da einige Darstellungen das nahezulegen scheinen. Wir sehen diesen Blick auf den Miniaturen aus der Handschrift der *Vita*, wo, so möchten wir hinzufügen, andere weibliche Figuren unserem Eindruck nach eine solche Gesinnung nicht ausstrahlen. Es handelt sich um verschwindend zarte Zeichnungen, die man lange betrachten muß. Erst dann lassen sich Nuancen wahrnehmen, die für eine Beurteilung gleich welcher Art vielleicht nicht einmal genügend Anhalt geben würden, wenn sich nicht im Vergleich mit anderen, auffälliger und aufwendiger ausgeführten Abbildungen und anhand von Texten die Vermutung bestätigen lassen würde. Wie immer, wenn man etwas »beweisen« will, ist es erst die Gesamtheit aller »Beweisstücke«, die die Bedingungen hoher Wahrscheinlichkeit schafft, niemals nur ein Element, ein einziges Stück, das sich überdies zufällig von allen übrigen unterscheiden könnte.

Wir haben nur von einem kleinen Teil der Bildnisse Mathildes gesprochen. In ihrer Mehrzahl zielen alle Bilder auf zwei Wirkungen beim Betrachter: entweder die kriegerische Frau oder die freundliche, gütige, sanftmütige Frau zu demonstrieren. Das zweite Bild schien uns das ältere und dem Wesen Mathildes angemessenere zu sein, nicht zuletzt deswegen, weil viele weitere Zeugnisse in diesem Sinn existieren.

In der *Divina Commedia* beschreiben die Gesänge 28 bis 33 des Fegefeuers eine Episode, in der Dante Alighieri von einer wunderschönen Frau begleitet wird: Matelda. Alles spricht dafür, daß der Dichter mit dieser Frauengestalt unsere Mathilde meint. Matelda singt, pflückt rote und gelbe Blumen und windet sie zu einem Kranz. Sie ist ganz allein und bewegt sich mit Tanzschritten vor dem Hintergrund einer beeindruckend schönen Landschaft. Der Dichter steht hier kurz vor seiner Begegnung mit Beatrice und seinem Aufstieg ins Paradies. Matelda bereitet ihn auf diese Begegnung vor, indem sie ihn mit dem Wasser aus zwei klaren Bächen von den Schlacken des irdischen Lebens reinigt, da diese das Gedächtnis, den Einfluß der einst begangenen guten Taten wecken. Diese werden von den Blumen symbolisiert, und die Frau, die sie pflückt, stellt damit den Menschen dar, der sein ganzes Leben diesen guten Taten gewidmet hat.

Die *Divina Commedia* bildet den glanzvollen Höhepunkt und Abschluß in der Folge der vielen Bilder, die Mathilde so häufig mit Blumen und Früchten zeigen, vor allem mit dem Granatapfel, der mit seinen vielen Kernen das Sinnbild der Fülle guter Werke ist. In dem Gesang, der Mathildes Erscheinen vorausgeht, erblickt Dante im Traum Lea, die Verkörperung des tätigen Lebens, während sie sich aus Blumen einen Kranz flicht. So erscheinen, eins nach dem anderen, vor unseren Augen die verschiedenen Portraits Mathildes, ihre roten und gelben Kleider, ihre Blumen, ihre Schönheit, die für Dante zum Symbol des irdischen Paradieses werden soll.

Plötzlich fällt ein starkes Licht in den blühenden Wald, durch den Matelda wandert: das Licht wird heller, eine süße Musik durchströmt den ganzen Ort. Da erscheinen sieben große Leuchter und hinter ihnen 24 weißgekleidete Gestalten (die Bücher des Alten Testaments), gefolgt von vier Tieren (die Evangelien) und dem Triumphwagen der Kirche. Die Werke Mathildes haben den Sieg der Kirche über das Böse bewirkt, und es ist angemessen, daß gerade sie Dante auf diesen erhabenen Anblick vorbereiten darf.

Im irdischen Paradies ist die Natur, Bäume, Blumen, Vögel und kristallklare Flüsse, eine unmittelbare Entäußerung Gottes; sie ist die göttliche Gnade, womit die Läuterung des Menschen möglich wird, weil sie ihm die Kraft verleiht, nach Gottes Willen zu handeln.

Mathilde, schreibt Dante, wandert ganz allein über die blühende Ebene, und bloß die Farben leisten ihr Gesellschaft. Sie spiegeln damit die Einsamkeit ihres Lebens, dem nur die guten Taten jene Leere zu nehmen vermochten, die Mathilde furchtbar geängstigt haben muß. Dante wußte, daß diese Frau ohne jede familiäre Hilfe die Wechselfälle des Lebens gemeistert hat, vor denen andere längst kapituliert hätten.

Auch Torquato Tasso, der vor allem ihre kriegerischen Fähigkeiten unterstrich, vergaß nicht zu erwähnen, daß Mathilde eine Einzelkämpferin gewesen ist. Weder die zwei Ehen, die wahrscheinlich beide unerwünscht waren, noch die Freundschaften mit einem Papst, der fast immer weit entfernt weilte, mit Bischöfen und Mönchen, die ihren Gläubigen alle Aufmerksamkeit widmen mußten, mit Vasallen, die vollauf mit der Verwaltung ihrer Ländereien und dem Ansehen ihrer Familien beschäftigt waren, konnten Mathildes allmähliche Vereinsamung aufhalten, die sich vor allem in Zeiten der Niederlage bitter bemerkbar machte. Nur die Blumen ihrer guten Werke füllten, wenigstens zum Teil, diese Leere; und an ihnen hält sie sich fest. Auf der Miniatur in der Handschrift, die ihre Lebensbeschreibung enthält, sieht man Mathilde auf dem Thron, über sich einen blühenden Zweig, der mit äußerster Feinheit gestrichelt und geschickt in die Gesamtdarstellung eingefügt ist. Es fällt schwer, sich von dem traurigen Blick des herrlichen Portraits zu lösen, das in Bianello aufbewahrt wird.

Es gibt unserer Ansicht nach keinen Zweifel daran, daß Dante mit der Figur seiner Matelda die gleichnamige Gräfin von Canossa meinte. Auch in der Forschung vertreten die meisten Fachleute diese Ansicht; die anderen haben lediglich inakzeptable Alternativen anbieten können: gemeint sei die gleichnamige Mutter des Kaisers Otto I. oder die um 1300 gestorbene deutsche Nonne Mathilde, deren Abhandlung *Von der spirituellen Gnade und den Offenbarungen* Elemente enthalte, die Dantes Beschreibung des Fegefeuers ähneln. Eine Nonne als Verkörperung des tätigen Lebens – und dafür steht die Dantesche Matelda – würde einen regelrechten Widerspruch bedeuten. Dagegen steht schon allein der Ruhm unserer Gräfin – besonders in der Toskana Dantes, wo sie als Markgräfin herrschte – und ihre lebenslange Unterstützung der Kirchenreform, ein Thema, das dem Dichter sehr am Herzen lag.

Mit Beginn des 27. Gesang des Fegefeuers wird Dante allmählich bewußt, was richtiges Handeln wirklich bedeutet

(Barmherzigkeit – mahnen Mathildes Freunde). Dantes Entwicklung wird nun in mindestens sechs weiteren Gesängen beschrieben. Im 27. Gesang schreibt Dante, er sei eingeschlafen, worauf ihm im Traum, allein auf einer großen Wiese, eine schöne junge Frau erscheint, die Blumen pflückt und singt (wie es im vorhergehenden Gesang Mathilde getan hat). Die Worte ihres Liedes lauten:

> »Ein jeder, der mich fragt nach meinem Namen,
> Soll wissen, daß ich Lea bin und gehe,
> Mit schönen Händen einen Kranz zu flechten.
> Im Spiegel schön zu sein will ich mich schmücken;
> Doch meine Schwester Rachel trennt sich niemals
> Von ihrem Spiegel, sitzt die ganzen Tage.
> Sie liebt den Anblick ihrer schönen Augen,
> Wie ich das Schmücken liebe mit den Händen,
> Sie freut das Schaun, wie mich erfreut das Wirken.«

Lea und Rachel, Sinnbilder des tätigen und beschaulichen Lebens, waren unter den gebildeten Menschen des Mittelalters Gegenstand ausführlicher, geistreicher Dispute. Sie verursachten aber auch Gewissensbisse, vor allem im Hochmittelalter, in das Mathilde hineingeboren wurde. Damals widmeten sich viele Kirchenmänner dem Vorhaben, die Welt im Sinne des Christentums zu verändern; viele Mönche strebten deshalb das Amt eines Bischofs oder des Papstes an, denn man warf ihnen den »Egoismus« vor, sich für ein ruhiges Klosterleben entschieden zu haben. Prominentes Beispiel war der ehrgeizige Benediktinermönch Hildebrand, der 1073, einen Tag nach dem Tod Papst Alexanders II., dessen einflußreicher Ratgeber er gewesen war, als Gregor VII. zum Papst erhoben wurde.

Nach der Begegnung im Traum mit Lea weitet sich die

Landschaft zu einem Wald mit Bäumen und Blumen, den das Sonnenlicht erhellt und ein leichter Wind durchzieht: das irdische Paradies, ein unmittelbares Werk Gottes, Symbol des vollkommenen Lebens, das der Mensch lebt, bevor er zu den allerhöchsten Freuden des Paradieses aufsteigt. In dem ausgedehnten, von bunten Lichtungen unterbrochenen Land, wo Vögel singen, begleitet vom sanften Geräusch der Blätter, die ein zarter Wind bewegt, versperrt plötzlich ein Bächlein mit seinen durchsichtig klaren Wassern dem Dichter den Weg. Auf der anderen Seite springt ihm etwas ins Auge, das aus der ohnehin schon wunderbaren Szenerie herausragt. Dort erscheint, wie etwas, was unmittelbar berührt und alle Aufmerksamkeit auf sich zieht:

>>Allein und einsam eine Frau, die singend
Hinwandelte und Blum um Blume pflückte,
Die dort den ganzen Pfad ihr bunt bedeckten.<<

Mathilde erscheint Dante damit in der Mitte des Weges, den der Dichter zwischen den von Gott geschaffenen, schönen Dingen entlanggeht. Auf seine Bitte, näherzutreten, lächelt sie ihn an, aufrecht am anderen Ufer des kleinen Flusses stehend, inmitten roter und gelber Blumen.

Unsere Matelda ist glücklich, sie pflückt im irdischen Paradies nicht nur die Blumen ihrer guten Werke, sondern damit auch das Glück, das sie sich im Laufe eines langen Lebens wahrhaft verdient hat. Dantes Vision kultiviert das Andenken Mathildes als Person, die überaus bemüht war, Gutes zu tun und sich dem Bösen, der Verderbnis und der Gewalt widersetzt hat.

Das Bild der von der Großherzigkeit ihrer Taten verklärten Frau wandelt sich jedoch mit der Zeit, um der tapferen Kriegerin, der starken, männlichen Persönlichkeit Platz zu machen. Dies gilt auch für die Literatur. So taucht Mathilde in Tassos Epos *Das befreite Jerusalem* auf, in dem zweimal von ihr die Rede ist, wobei er sie das erste Mal Mathilde und das zweite Mal Matelda nennt.

In der 59. Stanze des ersten Gesangs wird Mathilde als diejenige beschrieben, die den kriegerischen und abenteuerlustigen Charakter des Helden Rinaldo formt. Tasso verherrlicht ihn, indem er ihn zurück in die mittelalterliche Ruhmeszeit des Hauses Este versetzt. Die Geschichte dieser Familie wird weitgehend als Legende berichtet, ein Loblied auf die alten Wurzeln und die Verdienste der Este. Als Rinaldo beim Kreuzzug erscheint, wird er von allen bewundert: in Rüstung und Helm gleicht er Mars, dem Gott des Krieges, wohingegen er wie Amor wirkt, bleibt sein jugendliches Gesicht unbedeckt. Er ist noch jung, da man ihn früh zum Kriegsdienst heranzog. Kaum der Mutterbrust entwöhnt, hatte ihn Mathilde bei sich behalten, um einen noblen Krieger aus ihm zu machen. So geschieht es, daß unser Held, noch bevor er 15 Jahre alt ist, dem Aufruf zum Kreuzzug folgt:

>»Da fliehet er, allein, auf fremden Pfaden,
>Eh noch das dritte Lustrum ihm entweicht,
>Durchstreift die See samt Griechenlands Gestaden,
>Bis er das Heer im fernen Land erreicht.«

So groß war Mathildes Kriegsruhm, der im ausgehenden Mittelalter mit der Durchsetzung der Ritterdichtungen Italiens stetig wuchs, daß Tasso sie im sechzehnten Jahrhundert als Urheberin der glanzvollsten Siege der Este pries.

In der 77. Stanze des siebzehnten Gesangs spricht Tasso noch einmal von Mathilde – als unbesiegbarer, heldenhafter Kriegerin. Wie hätte er auch anders über ihre Fähigkeiten urteilen sollen, nachdem er sie zur Erzieherin Rinaldos gemacht hatte, des Ritters schlechthin? Einmal ist von einem Schild die Rede, in den die Namen der Stammväter des Hauses Este eingraviert sind. An dieser Stelle gewährt Tasso dem Großvater und Vater Mathildes einen kurzen Auftritt. Sie hingegen darf sich über viele Verse hinweg in ihrer ganzen Vortrefflichkeit präsentieren. Mathilde sind eigentlich die militärischen Verdienste des Hauses Este zu verdanken; ihre Wesensart und männliche soldatische Tugend übertrug sich auf die Este – Tapferkeit, kriegerische Begabung, königlicher Charakter. Der Dichter berichtet uns, daß Mathilde, obwohl sie eine Frau und die einzige Erbin ihres Geschlechts war, »Krone und Szepter« beherrschte. Ihr »edles Antlitz« habe männlichen Geist ausgestrahlt, ihr Blick mehr Entschlossenheit signalisiert, als der gewöhnliche Mannesmut zeige.

Eine Kraft also, die männlicher Stärke noch überlegen ist, genug, um sogar die in Rom marodierenden Söldner des Normannen Robert Guiscard in die Flucht zu schlagen, Kaiser Heinrich IV. zu besiegen, ihm das Banner zu entreißen, um es der Kirche anzubieten, genug, um Papst Viktor III., der vom Stuhle Petri verjagt worden war, wieder in sein Amt einzusetzen. Mit Waffengewalt hatten Mathildes Truppen 1087 in der vom Gegenpapst Clemens III. beherrschten Stadt Rom wenigstens die Peterskirche erobert, damit Viktor III. dort die Papstweihe empfangen konnte. Im Vergleich zu Ariost, der in seinem Loblied auf das Haus Este ebenfalls an Mathilde erinnert (in der 29. Stanze des dritten Gesangs im *Orlando furioso*), sie aber nur kurz als weise Regentin und keusche Frau darstellt, macht Tasso aus ihr eine Persönlichkeit allerhöchsten Ranges. Wie bei anderen kriegerischen Frauengestalten seines Epos gefällt es

Mathilde von Canossa zu Pferde, Gemälde von Orazio

ihm, ihr Schönheit – das »edle Antlitz« – und große Verdienste im bewaffneten Kampf zuzuschreiben.

So wie sich – in Gemälden und Skulpturen – das Andenken an Mathilde in der Gestalt der Kriegerin festigt, vollzieht sich bei Tasso eine ganz ähnliche Entwicklung. Seine zutiefst pessimistische Sicht des Lebens und seine besondere Aufmerksamkeit für weibliche Heldinnen mit tragischem Schicksal lassen diesen Dichter in Mathilde – wie zu anderen Zwecken auch in Clorinda – eine Frau sehen, die sich ganz und gar ihren Pflichten als Verbündete des Papstes hingibt, fast bis zur Selbstaufgabe bereit, sich in die Rolle zu fügen, die sie sich durch ihre Großherzigkeit auferlegt. Und in dieser Rolle ist sie einsam, einsamer noch als Dantes Matelda, die wenigstens den Lohn empfängt für ihr tätiges Leben im Dienste des Guten. Über ihr steht nur noch Beatrice, die bei Dante für die Religion überhaupt steht, während Matelda die Fülle göttlicher Gnade symbolisiert, die sich in ihren vielen Werken im Dienste des endgültigen Sieges der Kirche verströmt.

Das Gemälde von Farinati über ihrem (heute leeren) Grab im Mausoleum von San Benedetto Po zeigt Mathilde einsam zu Pferde. Sie sieht traurig und ernst drein, kein Freund, Angehöriger oder Verbündeter steht ihr zur Seite. Das Bild vermittelt etwas von dem Geist, in dem Tasso Mathildes Gedächtnis beschwört. Im übrigen stammen beide Werke aus der gleichen Zeit.

Jahrhundertelang hält sich dieses Bild einer durch ihre totale Opferbereitschaft überlegenen, aber zutiefst einsamen Frau. Aber auch ihr wahres Leben wurde immer wieder von Trauerfällen, von Sorgen, Ängsten und Niederlagen gezeichnet: der Vater starb, als sie etwa sechs Jahre alt war, etwa zur gleichen Zeit starben in sehr zartem Alter der

Bruder Federico und die Schwester Beatrice; mit dreißig verlor sie ihre Mutter; Mathildes Ehen waren unglücklich, und lang, unerbittlich und zermürbend der Krieg, in den sie verwickelt wurde.

Als Strafe für die Kränkungen, die Gott durch die Sünden der Menschen zugefügt wurden, geschehen in diesem Jahr viele Dinge.« So beginnt Anselm, ein Mönch des Klosters Gembloux in Belgien, seinen Bericht über das Jahr 1112, der die *Chronik* des Sigebert von Gembloux weiterführt. Die mit diesem Datum einsetzende Aufzählung der Katastrophen, unerklärlichen Geschehnisse und Ängste der Menschen ist beeindruckend. Es ist natürlich keine Neuheit, in mittelalterlichen Chroniken Behauptungen wie die eben zitierte zu finden, doch scheint uns, daß die Empfänglichkeit für warnende Vorzeichen aus der Natur im Vergleich zum vorhergehenden Jahrhundert, in dem ähnliche Befürchtungen laut geworden waren, noch größer geworden war.

Es ist ein Zeitalter großer Veränderungen, in dem der Konflikt zwischen der weltlichen und der geistlichen Macht, zwischen Kaisertum und Papsttum vielleicht der auffälligste und hartnäckigste ist. Folge einer umfassenden Verunsicherung, die der Umsturz der traditionellen Institutionen und die tiefgreifenden Wandlungen im Inneren der Gesellschaft, der Wirtschaft, ja sogar der natürlichen Umwelt hervorgerufen haben. Vor allem das zügellose Machtstreben des nicht mehr von einer wirksamen Zentralgewalt kontrollierten Adels traf die Institutionen Westeuropas mitten ins Herz. Überall untergruben die Adeligen das alte Herrschaftssystem, um sich abgegrenzte eigene Machtbereiche zu schaffen, sie gerieten untereinander und mit dem König in Konflikt, lasteten immer unerbittlicher auf den niederen Bevölkerungsgruppen, eigneten sich Kirchen und Klöster an. In dieser unruhigen, verworrenen Situation versuchten auch die »Bürgerlichen«, ihre eigene gesellschaftliche und politische Stellung zu festigen, wobei sie ihrerseits in Konflikt mit den über die Städte herrschenden Bischöfen, mit den Adeligen und Mönchen gerieten.

In Italien waren die nichtadeligen Stadtbewohner (die »Bürgerlichen«) in der Überzahl, und ihre damit einhergehende politische Macht machte die Situation besonders kompliziert. Das Unabhängigkeitsstreben der Städte behinderte außerdem ernsthaft die Entstehung der Territorialstaaten, die sich, wenn auch unter großen Schwierigkeiten, nördlich der Alpen zu bilden begannen. Mathilde von Canossa mußte mitansehen, wie ihr Staatsgebilde sich immer weiter auflöste, weil sich das Bürgertum und der Adel gegen sie und gegen die traditionelle Machtordnung verbündet hatten. Der Krieg zwischen Kaiser und Papst machte die politische Stellung, ja das ganze Leben Mathildes zusätzlich kompliziert.

Die westliche Welt befand sich im Aufruhr, und unsere Gräfin mußte Situationen bewältigen, die häufig unangenehm, nicht selten sogar unlösbar waren, wie der gut vierundzwanzig Jahre dauernde Aufstand Mantuas. Die Stadt, die, wie wir wissen, schon vor langer Zeit zur Hauptstadt ihres Staates geworden war, versetzte der Gräfin einen harten Schlag, als sie zum Kaiser überwechselte; wir haben aber auch gesehen, daß noch andere Städte sich gegen sie wandten, während viele ihrer Vasallen bemüht waren, sich festumgrenzte Machtbereiche zu schaffen, den Einfluß ihrer eigenen Familie zu festigen, und sich die Kontrolle über Kirchen und Klöster zu sichern, indem sie Mitglieder ihrer Familien in den inneren Verwaltungsapparat einschleusten.

Das gemeine Volk, das von den örtlichen Feudalherren geschunden wurde, hoffte seinerseits auf Veränderung und begehrte auf. Lange war es im Zaum gehalten worden, nun ertrug es nicht länger, daß Priester und Mönche adeliger Herkunft, die häufig verheiratet waren oder sich Mätressen hielten, die Sakramente austeilen und die Kirche repräsentieren durften, auf die die einfachen Leute ihre im Grunde einzige Hoffnung setzten und der sie vertrauten.

Hinzu kam der offensichtliche Reichtum der hohen kirchlichen Würdenträger. Mit jeder Kirche, jedem Kloster waren Besitz und Einkünfte verbunden, viele waren Wirtschaftsbetriebe von gewaltigen Ausmaßen. Bischöfe und Äbte verfügten über ausgedehnte Besitzungen, über ritterliche Vasallen und Lehnsträger, sie regierten wie weltliche Fürsten und waren dementsprechend daran interessiert, ihre Hausmacht den eigenen Nachkommen zu hinterlassen. Auch das führte dazu, daß antikirchliche Bestrebungen mit häufig häretischen Zügen ausbrachen; trotz oder gerade wegen dieser Widerstände schien eine Reform des Systems dringend geboten.

Die Angst vor einer göttlichen Strafe ging in allen Schichten der Bevölkerung um, und überall erblickte der Klerus Vorwarnungen, Bestrafungen für die Sündhaftigkeit der Menschen. Eine solche Sichtweise galt in der Vorstellungswelt jener Zeit grundsätzlich als begründet: man sah darin den Eingriff Gottes in die natürliche Welt, um die Sünden der Menschen, den Umsturz der politischen und gesellschaftlichen Ordnung und die daraus folgenden Gewalttaten zu strafen.

Nachdem er zunächst die Sünden der Menschen gegeißelt und göttliche Strafen angekündigt hat, berichtet Anselm von Gembloux von Kirchen, die urplötzlich brannten; darunter jene berühmte Kirche des »Sankt Michaelis in der Gefahr des Meeres«, also des Gebäudekomplexes auf dem Mont-Saint Michel, der zwischen der Bretagne und der Normandie auf einer kleinen Insel liegt und mit dem Festland durch eine Landzunge verbunden ist, welche nur auftaucht, wenn es »die Gefahr des Meeres«, die Flut, nicht gibt. Ein Blitz traf die Kirche und entfachte ein Feuer, das sie vollständig zerstörte. Die gesellschaftlichen Unruhen, die Ursache für diese Strafe Gottes waren, lassen in Anselms Bericht nicht lange auf sich warten. Denn er fügt hinzu, daß die Bürger von Laon, die im Kampf mit ihrem Bischof lagen, weil er nicht dulden wollte, daß sie sich zu einer Eidgenossenschaft zusammengeschlossen hatten, den Bischof getötet und seinen Palast, die Kathedrale und weitere Kirchen angezündet haben. Der König mußte einschreiten, aber auch Gott strafte die Mörder, denn im Mai verbrannten Getreide und Pflanzen im »heiligen Feuer« und machten alle Hoffnungen auf eine Ernte zunichte.

Weitere Unglücksfälle folgten: Wälder vertrockneten, was eine Katastrophe für eine noch weitgehend auf Forstwirtschaft beruhende Gesellschaft bedeutete, also die Jagd, die Fischerei, die Nutzung der Weideflächen und die Ernte wilder Früchte betraf. Die Menschen wurden krank und starben. Auch das folgende Jahr brachte keine Veränderung: Das Kloster von Prüm in Deutschland brannte aus; in Frankreich fiel in der Gegend um Tournus noch im Spätfrühling so viel Schnee, daß sogar die Wälder das Gewicht der Schneemassen nicht tragen konnten und erheblichen Schaden nahmen. Zur gleichen Zeit brach der Krieg zwischen dem Kaiser Heinrich V. und den Großen seines Reiches aus.

Heinrich, der zweite Sohn Heinrichs IV., seit 1106 deutscher König, war im Februar 1111 nach einem siegreichen Marsch durch Italien, den auch Mathilde nicht hatte aufhalten können, in Rom von Papst Paschalis II. zum Kaiser gekrönt worden und als Sieger aus dem zähen Ringen um die weltliche Macht in Italien hervorgegangen. Doch schon wenige Jahre später brach unter den Fürsten Thüringens und Sachsens ein Aufstand aus, dem sich der mächtige Erzbischof von Köln anschloß. Heinrich wagte es, viele der Aufständischen ohne jedes Gerichtsverfahren ins Gefängnis zu werfen. Darunter befanden sich auch mächtige Bischöfe. In einer breitangelegten Offensive stürmte Heinrich die Festungen und Besitztümer seines Feindes, des Erzbischofs von Köln, und zerstörte sie.

In Deutschland floß bei diesen Kämpfen so viel Blut, daß Gott nicht unbeteiligt bleiben konnte und seinen Zorn zeigte. Tatsächlich ereilte einen der Verantwortlichen des Krieges eine eindrucksvolle Bestrafung. Als er sich die Hände rieb, die weder Geschwüre noch Verletzungen aufwiesen, strömte aus seinen Fingern plötzlich sehr viel Blut. »Dieses Ereignis, das als ein großes Wunderzeichen angesehen wurde, symbolisierte das Blutvergießen, das die unwürdige Zwietracht zwischen König und Fürsten hervorgerufen hatte«, kommentiert Anselm von Gembloux, nachdem er von dem Geschehen berichtet hat.

Der Kampf zwischen dem Kaiser und den zumeist mit dem Papst verbündeten Bischöfen hatte schon seit langer Zeit einen Grad an Feindseligkeit erreicht, von dem aus es scheinbar keine Umkehr mehr gab. In Italien nahmen die Bürger den frommen Bischof Uberto in Parma gefangen und

Mathilde mit Geistlichen, Miniatur aus der *Relatio translationis corporis Sancti Geminiani*

mißhandelten ihn, worauf Mathilde ohne Zögern herbeieilte, um ihn zu befreien. Überall im Westen floß das Blut in Strömen: viele hochrangige Kirchenmänner wollten ihre totale Unterordnung unter den Kaiser oder den König nicht mehr dulden; in Italien standen die Städte gegen die mit Mathilde verbündeten Bischöfe und gegen Mathilde selber auf.

Noch unbarmherziger erhob sich die Hand des Adels – oder jedenfalls der Mächtigen – gegen die Bauern, wovon der Bischof von Reggio Emilia um die Mitte des elften Jahrhunderts der Nachwelt ein Zeugnis überlieferte, als er von ausgepeitschten Bauern schrieb, von vergewaltigten Frauen, von Morden und von Wohnhäusern (aus Holz), die abgebaut und an andere Orte gebracht wurden. All das geschah auf Mathildes Territorium, und für die Gräfin war es in diesem Fall sehr schwierig, anmaßende Vasallen für ihre Gewalttaten zu bestrafen, da sie unverzichtbare Verbündete im Krieg gegen den Kaiser waren.

Das ganze Jahr 1108 wurde vom Krieg beherrscht, wie Sigebert, der erste Verfasser der *Chronik* von Gembloux schreibt. Wiederum zeugten wundersame Ereignisse von der unerhörten Grausamkeit dieser Kriege: In Lüttich brachte bald darauf eine Sau ein Ferkel mit einem Menschengesicht zur Welt; und am Himmel erschien der unheilbringende Komet, das deutlichste aller Vorzeichen für Unglücke und Katastrophen. Seine Strahlen wiesen leuchtend in Richtung Italien, ein Zeichen, wie Sigebert schreibt, für die bevorstehende Reise Heinrichs V. auf die Halbinsel. Jetzt erreichte der Krieg mit dem Papst einen seiner Höhepunkte; Mathilde war auch diesmal unmittelbar betroffen, weil sie noch einmal versuchte, die weltliche Macht in ihre Schranken zu weisen.

Heinrich V. brach im August 1110 nach Rom auf, mit dem Ziel, seine königliche Regierungsgewalt über die Bischöfe Italiens zu festigen, mit Papst Paschalis II. über die Frage der Investitur einig zu werden und sich von ihm in Rom zum Kaiser krönen zu lassen. Der König zog nach Rom – berichtet Sigebert –, um »die von Gregor VII., genannt Hildebrand, gesäte, von seinen Nachfolgern Viktor und Urban, aber besonders von Paschalis verschärfte Zwietracht zwischen Reich und Kirche zu schlichten, die ein schwerwiegendes Übel für die Welt darstellte«. Heinrich V. trat auf seinem Zug mit so erdrückender Macht auf, daß sich ihm Burgen und Städte überall öffneten.

Damals empfing auch Mathilde den deutschen König in Bianello und versöhnte sich mit ihm. Er machte die Ächtung und Enteignung von 1081 rückgängig, sie widerrief im Gegenzug die Schenkung ihrer Güter, die sie vor vielen Jahren dem Heiligen Stuhl gemacht hatte. Sie setzte nun Heinrich V. zum Erben ein. Ein Jahr nach Mathildes Tod hat Heinrich V. versucht, sich diese bedeutende Erbschaft in Italien zu sichern, aber bis Mitte des dreizehnten Jahrhunderts kam es zwischen der Kirche und den deutschen Königen immer wieder zu heftigen Auseinandersetzungen um die ehemaligen Besitztümer Mathildes.

Im Jahr 1111, Mathildes Leben neigte sich seinem Ende zu, war der Krieg immer noch nicht ganz vorbei. Noch einmal wurde in Rom Blut vergossen, ohne daß es zu einer Lösung gekommen wäre. Zwar hatten die Gesandten Heinrichs V. und des Papstes im Februar 1111 Grundlagen für eine Einigung ausgehandelt, nach denen Heinrich am Tag seiner Krönung öffentlich auf die Investitur verzichten und der Papst den Bischöfen befehlen wollte, sämtliche Güter, die sie vom Reich erhalten hatten, zurückzugeben. Aber als dieser streng geheimgehaltene, erste Versuch einer Trennung von Kirche und Staat am festgesetzten Tag der Kaiserkrönung den in Rom versammelten Bischöfen und Fürsten bekanntgegeben wurde, erhob sich ein tumultartiger Protest.

Mit Empörung reagierten die deutschen Bischöfe, als sie hörten, daß sie ihrer fürstlichen Stellung enthoben werden sollten. Es kam zu einem Handgemenge zwischen den Vertretern der geistlichen und der weltlichen Macht. Paschalis wußte sich nicht zu wehren und erklärte die Erfüllung der Abmachungen für unmöglich. Die Deutschen wurden angegriffen, und in Rom entbrannte eine Schlacht, aus der das deutsche Heer siegreich hervorging. Papst und Kardinäle wurden gefangengenommen. Paschalis, der vom römischen Adel keine Unterstützung erhielt, mußte sich nun härteren als den ursprünglichen Bedingungen unterwerfen. Heinrich zwang ihn, das königliche Recht auf Investitur anzuerkennen. Am 13. April krönte ihn der Papst zum römischen Kaiser, als Sieger kehrte Heinrich nach Deutschland zurück.

Das Wormser Konkordat von 1122 lag noch in weiter Ferne. Auch wenn ein bewaffneter Kampf wie früher aller Wahrscheinlichkeit nach nicht mehr zu erwarten stand, sah Mathilde nunmehr ihre letzten Lebensjahre vergehen, ohne daß die Zeitläufte mit ihren zermürbenden Unruhen, Kriegen und allen nur erdenklichen Gewalttaten eine grundsätzliche Änderung versprachen. Den Tod, den sie nahen fühlte, verbunden mit dem quälenden Gefühl, nicht genug ausgerichtet zu haben – Mathilde war zutiefst enttäuscht.

Sigebert von Gembloux, ein Mann von kaiserfreundlicher Gesinnung, malt uns besser als jeder andere ein Bild des Krieges und der Streitigkeiten, die Westeuropa damals in Brand setzten. Als der Mönch seine Chronik verfaßte, war er schon ein alter Mann (er starb wenige Jahre vor Mathilde). In seiner Erinnerung erscheinen die vergangenen Jahre fast ausschließlich gezeichnet von bewaffneten Auseinandersetzungen, Aufständen und Naturerscheinungen, die jene Ereignisse furchterregend widerspiegelten. Er wirft Papst Gregor VII. seine Unerbittlichkeit gegenüber dem Kaiser vor und beschuldigt ihn, dem Kaiser seine Untertanen, die eigene Mutter Agnes eingeschlossen, zu Feinden gemacht zu haben. Agnes, in Nonnentracht zu Füßen des Papstes sitzend, hatte nicht nur ungerührt zugehört, als Gregor am 22. Februar 1076 den König absetzte und aus der Kirche verbannte. Sie half auch eifrig mit, den Bannfluch des Papstes zu verbreiten und so die Macht ihres eigenen Sohnes zu untergraben.

Ebenso hart verurteilt Sigebert jene Bischöfe, die sich auf die Seite des Papstes geschlagen hatten. Unter ihnen sei besonders der Erzbischof von Mainz durch seinen hartnäckigen Widerstand gegen den Kaiser aufgefallen. Unter Führung des Bischofs von Mainz hatten sich damals zehn Bischöfe von Heinrich IV. losgesagt, sich noch vor dem Gang nach Canossa dem Papst unterworfen und um Vergebung gebeten.

Auf diesen Treuebruch sind laut Sigebert das Erdbeben und das Feuer zurückzuführen, die die Stadt verwüsteten. Im Jahre 1081, als Heinrich IV. in Lucca Mathilde aus ihren öffentlichen Ämtern entfernte und die Heimsuchung durch den Krieg am heftigsten tobte, hatte ein großes Erdbeben mit einem entsetzlichen Dröhnen die nördlichen Regionen erschüttert. Es geschah »zur ersten Stunde der Nacht, als Ankündigung wohl des Bösen, das geschehen sollte, ein Böses, das die ganze Welt in Angst versetzte, daraus der Welt großes Leid erwuchs und immer noch erwächst. Denn der Kaiser Heinrich zog gen Rom, um den Papst zu besiegen;

gegen ihn rüstete der Papst sich zum Aufstand, indem er Städte und Burgen befestigen ließ und ihn nicht in Rom aufnahm, wohin er mit seinem bewaffneten Heere zog«, so kommentiert Sigebert das Geschehen.

Die kommenden Jahre sollten eine Verschärfung des Konflikts und Zeichen göttlicher Verdammung bringen. Schreckliche Überschwemmungen richteten in großen Gebieten Westeuropas schwere Schäden an. In Italien erreichten sie ein Höchstmaß an zerstörerischer Gewalt, Bergketten wurden aufgeweicht und fortgeschwemmt, ganze Dörfer darunter begraben. Die Vögel flohen aus den bewohnten Orten – bemerkt unser Chronist zum Abschluß seines Berichtes über das Jahr 1086 –, und Pfaue, Hühner und Gänse verwandelten sich in Wildtiere.

Als Urban im Jahre 1088 den päpstlichen Stuhl bestieg, uferten die Skandale in der Kirche und die Kämpfe im Kaiserreich noch weiter aus, behauptet Sigebert. Im folgenden Jahr brach eine furchtbare Krankheit aus, die vor allem den Westen Lothringens heimsuchte (unser Chronist wohnte in jener Gegend): das heilige Feuer, das die Innereien verbrennt und die Gliedmaßen so heiß wie glühende Kohlen werden läßt. Man starb, nachdem bereits Füße und Hände abgeschnitten worden waren, um die Fäulnis aufzuhalten, oder man überlebte mit verkrampften und von grausamen Schmerzen gepeinigten Nerven. Unmittelbar auf diese Schilderungen läßt der Verfasser die Nachricht von der Reise des Kaisers nach Italien folgen, bei der der Krieg fortgesetzt werden soll, woraufhin das Jahr in seiner Erinnerung mit einer Hungersnot endet.

Dies war der Zeitpunkt, an dem Heinrich IV. viele der Burgen Mathildes belagerte und erstürmte sowie die Stadt Mantua eroberte. Vielleicht hat Sigebert vergessen zu erwähnen, daß der Kaiser im Herbst des Jahres 1092 mehrmals von der Gräfin geschlagen wurde, als er nämlich im August und September vor ihrer Burg Monteveglio gelegen hatte, ohne sie einnehmen zu können, und im folgenden Oktober die Niederlage bei Canossa erleiden mußte. Wir nehmen an, daß es ihm eher der Stolz seiner Kaisertreue verboten hat, diese Niederlagen zu erwähnen.

Im darauffolgenden Jahr erinnert er an die Rebellion Konrads, Heinrichs erstem Sohn, gegen seinen Vater in Italien. Konrad, seit 1087 deutscher König, hatte einen großen Teil seiner Jugend in Italien verbracht. Er ließ sich von den lombardischen Bischöfen in Mailand zum Erzbischof krönen und überreden, die Rolle des italienischen Königs gegen den eigenen Vater zu übernehmen. Auch Mathilde war an diesem Plan beteiligt. Bald waren alle Truppen zu Konrad übergelaufen, und Heinrich mußte sich hinter die Etsch zurückziehen. In Italien durchpflügte daraufhin an einem Augustabend eine brennende Lanze den Himmel von Süden nach Norden – wie sollte man darin kein Zeichen für den Schlag sehen, den Konrad seinem Vater, den Italien Deutschland zugefügt hatte? All diese Ereignisse sollen dann in Frankreich und in Deutschland zu einem großen Massensterben geführt haben.

Sigebert beginnt den Bericht über das Jahr 1095 mit der Aufzählung einer eindrucksvollen Reihe von Katastrophen. Die Hungersnot, die schon seit langem herrschte, sei noch grausamer geworden, die ausgehungerten Armen hätten die Reichen beraubt, ihre Häuser angesteckt und sich gegen die Mächtigen aufgelehnt. Im Spätsommer sei eines Nachts ein großer Wirbelsturm gekommen und ein Erdbeben ausgebrochen. In vielen Gegenden wurde beobachtet, wie bei anbrechendem Morgengrauen zahlreiche Sterne gleichzeitig vom Himmel fielen. In Frankreich schlug ein riesiger Stern einen großen Krater in die Erde, und als man Wasser darüber goß, erhob sich dichter Rauch und ertönte lautes Geräusch. In der Nähe des Klosters, wo Sigebert lebte, wurde, wie er selbst sehen konnte, mit Blut beflecktes Brot gefunden. Der Kunde von solchen Wunderzeichen läßt der Verfasser dann die Nachricht von der Reise des Papstes nach Frankreich folgen, wo dieser zum ersten Kreuzzug aufrief, und er berichtet von Papst Urbans unerschütterlichem Entschluß, die Politik Gregors VII. fortzusetzen. Sigebert erwähnt jedoch mit keinem Wort, daß der Papst den Kreuzzug tatsächlich in Bewegung brachte: er wollte mit diesem Namen keine Unternehmung verbunden sehen, die er nur höchst positiv bewerten konnte.

Nach zwei vorausgegangenen Mondfinsternissen brach der Kreuzzug nach allgemeinem Wunsch auf, der von vielen göttlichen Zeichen begünstigt war: »Herzöge, Grafen, Mächtige, Adelige und Nichtadelige, Reiche und Arme, Freie und Leibeigene, Bischöfe, Priester, Mönche, Alte, Junge, Mädchen und Jungen, alle liefen, ohne daß jemand sie gezwungen hätte, wie ein einziger Strom von allen Seiten herbei…«, schreibt Sigebert. Der Komet, das Zeichen für große, bewaffnete Unternehmungen, strahlte die ganze erste Oktoberwoche des Jahres 1097 lang am Westhimmel. Heftige Regenfälle verhinderten die Herbstaussaat, und die Erde blieb unfruchtbar. »Das Heer Gottes stürmte über die Landesgrenzen der Heiden… die erste Schlacht fand an der Brücke des Flusses Fafar statt, wo viele Türken starben … Nizäa wurde genommen, dann Laodicea. Der Christen waren es mehr als dreitausend, denn sie hatten reiche Vorräte an Lebensmitteln«, beschließt Sigebert von Gembloux seinen Bericht über dieses Jahr.

Der Kreuzzug riß kleine und große Männer aus allen Teilen Westeuropas mit sich, wie unser Verfasser präzisiert, indem er ihre Herkunftsländer aufzählt. Nach diesem sogenannten »Kreuzzug der Armen«, einem bunten Haufen meist verarmter Bauern, die fast alle ihr Leben ließen, brach das eigentliche Kreuzfahrerheer aus französischen, lothringischen und normannischen Rittern unter Führung Gottfrieds von Bouillon und des Normannenherrschers Robert Guiscard auf.

Heinrich IV. beteiligte sich nicht am Kreuzzug. Der Kreuzzug bedeutete dennoch eine Art Pause im Krieg zwischen Papst und Kaiser, obwohl der Konflikt weiterschwelte. Überdies verwickelte der Kreuzzug viele Menschen in einen weiteren, nicht weniger blutigen Krieg. Auch aus der »Langobardei«, dem Herrschaftsgebiet Mathildes, brachen Männer zum Kreuzzug auf, und dieser Umstand bedeutete für die Gräfin in gewisser Weise eine zusätzliche Belastung, da sie es sich nicht leisten konnte, über einen so langen Zeitraum, wie ihn die Fahrt in den Nahen Osten erforderte, auf ihre Getreuen zu verzichten.

Inzwischen kündigte sich erneut eine schwierige Zeit in dem schon so lange währenden Kampf zwischen Papsttum und Kaiserreich an, der nun auch vom Bruch zwischen Heinrich IV. und seinem gleichnamigen Sohn belastet wurde. Heinrich V. hatte bei seiner Ernennung zum Nachfolger des Kaisers noch gelobt, zu Lebzeiten seines Vaters keinen Anspruch auf den Thron zu erheben, hatte dann aber 1105 seinen Vater gefangengenommen und zur Abdankung gezwungen. Dem Höhepunkt des Zerwürfnisses zwischen den beiden, berichtet Sigebert, gingen außerordentliche Himmelserscheinungen voraus. Im Februar des Jahres 1106 tauchte mitten am Tag drei Stunden lang ein Stern am Himmel auf. Im selben Monat rasten in der Nähe von Bari am hellen Tag Sterne über den Himmel, als verfolgten sie einander oder würden gleich zur Erde stürzen. Den ganzen Monat Februar über ängstigte der Komet die Menschen mit seinem Anblick.

»Wie schändlich sich Heinrich, Sohn des Kaisers, mit seinem Aufbegehren gegen den Vater verhielt, das wider die Naturgesetze und die Gesetze des Staates war, das zeigt ein nach dem Diktat des Vaters geschriebener Brief an den König Philipp von Frankreich«, fährt Sigebert fort. Im selben Jahr noch starb Heinrich IV., nachdem er sich ein ganzes Leben lang mit allen Kräften der Aufgabe gewidmet hatte, die traditionelle Ordnung des Kaisertums aufrechtzuerhalten, wie sie ihm von seinen Vorgängern anvertraut worden war. Mit seinem Tod war der Kampf zwischen den beiden großen Kräften des Mittelalters jedoch noch nicht beendet. Auch Mathilde blieb in diesen Kampf verwickelt. Besonders gefordert wurde sie in den Jahren 1080 bis 1092. Damals wurde die wirkliche Entscheidungsschlacht zwischen den papstfreundlichen Kräften und ihren Gegnern ausgetragen. Schauplatz war Italien, besonders das Staatsgebiet der Familie Canossa.

Während Sigebert von Gembloux die Geschehnisse von weitem betrachtet und nur eine Auswahl der aufsehenerregendsten Vorfälle berichtet, führt uns Donizone in das Innere des Kampfes, an den Ort des Geschehens. Er beschreibt die Ereignisse aus einer näheren Perspektive, unterstreicht ihre Dramatik, erforscht die Gemütsverfassung der Beteiligten. Sein Bericht liest sich als eine Verherrlichung Mathildes, die er aufgrund ihrer Hartnäckigkeit, die sie selbst in den schwierigsten Momenten nicht verließ, sogar mit einem Diamanten vergleicht. Was ihm jedoch fehlt, ist der Hinweis auf die Sorgen und Ängste Mathildes, die von Niederlagen und dem fortgesetzten Verlust vieler Freunde sowie vom Verrat ihrer Verbündeten zermürbt wurde. Der Bericht ist jedoch ansonsten genau und wahrheitsgetreu, und wir können Donizone bei seinem Rückblick auf jene tragischen Umstände folgen, wobei wir seinen Erinnerungen auch dort, wo es um Geschehnisse geht, die er selbst behandelt, diejenigen anderer hinzufügen.

Donizone trifft genau ins Schwarze, als er eigens betont, daß Mathilde sich auf dem Höhepunkt des Krieges 1092 im Gebirge aufhielt. Sie zog von einer Festung zur anderen, dorthin, wo sie Sicherheit fand, unterdessen ihre Verteidigungsstellung stärkend, während der Kaiser mit seinen Truppen in der weiten Ebene im Norden umherzog und versuchte, ihre Männer in Feldschlachten zu verwickeln.

Alles beginnt im Oktober 1080 mit der Schlacht bei Volta im Gebiet von Mantua, bei der Mathildes Soldaten von Heinrich versprengt werden. Statt gegen Ravenna zu marschieren, um, wie Papst Gregor ihr aufgetragen hatte, Wibert, den Erzbischof von Ravenna, zu bekämpfen, der im Mai auf einer Synode von deutschen und italienischen Bischöfen in Anwesenheit Heinrichs zum Gegenpapst Clemens III. ernannt worden war, muß sich Mathildes Heer nach einem Angriff der königstreuen Lombarden zur Flucht wenden und wird am 15. Oktober bei Volta entscheidend geschlagen. Nur kurze Zeit später lehnen sich Lucca und Pisa gegen Mathilde auf, und im Juli des Jahres 1081 erklärt Heinrich sie ihrer Ämter enthoben, beschlagnahmt ihre Güter und verhängt die Acht über sie. Aber erst 1090, auf seinem zweiten Italienfeldzug, entschließt sich Heinrich, der Herrschaft der Canossa endlich den tödlichen Schlag zu versetzen, indem er die Belagerung der Hauptstadt Mantua anordnet;

die Stadt hält ihm elf Monate lang stand. Diese langwierige militärische Aktion liefert uns den Beweis für Heinrichs feste Absicht, die Gräfin endgültig zu vernichten. Tatsächlich ergab sich Mantua im April 1091, und die Festungen von Rivalta und Govèrnolo im Norden und Süden der Stadt – zwei Stützpunkte am Mincio, der Mantua mit seinen Seen durchfließt – öffneten sich ihm, womit er vollständige Kontrolle über die Hauptstadt erhielt.

Es ging so weiter: Nach den Ereignissen von 1091 wurden Mathildes Männer im folgenden Jahr bei Trecontai nahe Padua erneut besiegt. Ein gewisser Ugo del Maso aus dem Geschlecht der Este, das stets dem Papst treu gewesen war, hatte sie verraten. Da begann der Kaiser im Sommer 1092, in die Berge hinaufzuziehen, wo die Verteidigung des Gegners zwar stärker, ihm aber, waren die Burgen einmal erobert, der Sieg auf der ganzen Linie sicher war. Außer Piadena bei Cremona und Nogara auf dem Gebiet Veronas hatten sich alle Burgen in der Ebene bereits ergeben. Auf den Bergen Modenas begannen weitere Burgen zu fallen, und im Verteidigungssystem Mathildes öffnete sich eine äußerst gefährliche Bresche. Dies war umso verhängnisvoller, als Heinrich beschloß, Monteveglio zu belagern, eine befestigte Anhöhe, die im Krieg hervorragende Dienste geleistet hatte und unerschütterbar über die weite Ebene ragte. Den ganzen Sommer lang belagerte der Kaiser die berühmte Burg, was Mathildes Männern und ihren Verbündeten schwer zu schaffen machte. Zu diesem Zeitpunkt rief Mathilde die Ihren in der am höchsten gelegenen Festung in Carpineti zusammen. Sie stellte sie vor die Alternative, entweder den Krieg fortzusetzen oder den vom Kaiser gestellten Friedensbedingungen zuzustimmen, also Wibert, den vom Kaiser gewünschten Gegenpapst, als rechtmäßigen Papst anzuerkennen.

Mathilde wollte eigentlich nicht nachgeben, hatte sie den Gegenpapst Clemens III. doch schon lange bekämpft und einmal sogar aus der Peterskirche in Rom vertrieben, als sie den Nachfolger Gregors, Viktor III., im Jahre 1087 aus Monte Cassino geholt und ihm mit Hilfe ihrer Truppen im zähen Ringen um die Stadt die Papstweihe am vorgeschriebenen Ort ermöglicht hatte. Aus den Worten Donizones geht jedoch hervor, daß sie Angst hatte. Wibert hatte sich in das Gebiet zu Füßen der Burg Monteveglio begeben und dürfte Heinrich sicherlich ermahnt haben, die Belagerung nicht aufzugeben.

Inzwischen war der Oktober dieses für Mathilde so verheerenden Jahres herangekommen, und in Carpineti bei Reggio waren die Männer uneiniger denn je. Sogar der Bischof von Reggio, ein frommer Mann und Freund der Gräfin, riet ihr, das Handtuch zu werfen. Es scheint, daß nur die weise gewählten Worte des heiligen Eremiten Giovanni sie überzeugen konnten, den Kampf fortzusetzen. Sie stand jetzt ganz allein; viele ihr nahestehende Menschen, Ratgeber und Freunde, waren gestorben. Papst Gregor und Anselm von Lucca lebten nicht mehr, andere hatten sich von ihr abgewandt: ihr Ehemann, Welf von Bayern, und gelehrte Männer aus ihren Kreisen; wieder andere hatten sie gnadenlos betrogen.

Die zeitgenössischen Geschichtsschreiber betonen alle, daß Mathilde mittlerweile ganz allein diesen erbitterten Kampf austrug, der ihren Staat bis an den Rand des Zusammenbruchs brachte. Inzwischen hatte sie neben ihrem gesamten militärischen Apparat auch all ihre Kräfte und ihr ganzes Hab und Gut eingesetzt. Nicht zufrieden mit dem Erreichten, hatte sie das Gold und Silber des Familienschatzes der Canossa einschmelzen lassen und den Erlös,

9 Pfund Gold und 700 Pfund Silber, nach Rom geschickt. Die Kirchen und Klöster auf ihrem Besitz hatte sie aufgefordert, das gleiche zu tun (wir wissen nicht, mit welchem Erfolg). Mit Sicherheit behielt sie nichts für sich selber zurück, um es der Unterstützung für den Papst und der Kirchenreform vorzuenthalten.

Inmitten so vieler Widrigkeiten blieben ihr nur wenige Freunde als Stütze, Anselmo d'Aosta und andere von seinem Schlag. Während die größten toskanischen Städte gegen sie rebellierten, hielt ihr Florenz, eine glühende Anhängerin der Kirchenreform, die Treue. Und da wendete sich überraschend und fast unerwartet plötzlich alles zu Mathildes Gunsten. Die Trompeten, die zum Rückzug bliesen, hallten in jenem Oktober des Jahres 1092 über die weite Ebene unterhalb der Festung Monteveglio (die wir noch heute unweit von Bologna bewundern können und die damals zur Grafschaft Modena gehörte). Heinrich räumte das Feld.

Der Kaiser hatte keineswegs vor aufzugeben. Er spürte, daß die Gelegenheit zum Sieg für immer verloren war, wenn er noch mehr Zeit verstreichen ließ, weshalb er nun entschlossen auf das alte Herz von Mathildes Reich zumarschierte: Canossa. Die Verteidiger der Burg wurden von Panik ergriffen, doch Mathilde rief den Rest ihrer Truppen zusammen. Für einen Moment schien die Zeit stillzustehen, alle warteten mit angehaltenem Atem: die schicksalsentscheidende Schlacht stand unmittelbar bevor. Die Mönche von Sant'Apollonio in Canossa beteten, die Soldaten kämpften.

Donizone gibt uns zu verstehen, daß der Ausgang der Schlacht schwer vorhersehbar war. Heinrich warf sich mit allen seinen Männern gegen die Festung, die sehr gut gesichert war, von mehreren Mauerringen umgeben, hoch oben

auf einem Felsen gelegen und auch heute noch beeindruk-
kend, obwohl Boden und Felsgestein stark abgebröckelt
sind. Plötzlich kam dichter Nebel auf, wie es im Herbst in
den Bergen des Apennin häufig geschieht; vor den Augen
der kaiserlichen Soldaten schien das Kastell zu verschwin-
den. Sofort entstand große Verwirrung, viele der Soldaten
kannten den Ort nicht. Dies war günstig für Mathildes
Männer, und Heinrich, der die Schlacht von einem nahen
Hügel aus beobachtete, gab Befehl, das Schlachtfeld zu räumen. So endete der Krieg in seiner hitzigsten Phase im Nebel.

Auf dem Höhepunkt des Krieges gegen den Kaiser fand sich Mathilde allein, ohne die Unterstützung vieler einflußreicher Personen, die ihr früher nahegestanden hatten: sie waren nicht mehr am Leben. Das allein würde allerdings nicht ausreichen, ihren Mut zu beschreiben. Da gab es noch die beiden Ehen, die nur wenige Jahre währten, außerdem müssen wir ihre Stellung als unverheiratete Frau bedenken.

Die mittelalterliche Denkweise duldete nicht, daß eine mächtige Frau keinen Ehemann oder erwachsene Kinder an ihrer Seite hatte, es sei denn, sie war Nonne; ob sie allein oder hinter den Mauern eines Klosters lebte, war dabei nicht wichtig. Man denke außerdem an die übliche Misogynie, die unter gebildeten Menschen, damals fast ausschließlich Mönche oder Priester, besonders spürbar war. Je mehr eine Frau bekannt war und im Licht der Öffentlichkeit stand, in der Hierarchie eine hohe Stellung bekleidete, ja sogar, wie es bei Mathilde der Fall war, als Hauptfigur in einem Kampf auftrat, der die westliche Welt zu zerreißen drohte, desto ausgeprägter wurde diese Misogynie.

Die Gefolgsleute des Kaisers warfen Mathilde vor, eine Frau zu sein und sich in Dinge einzumischen, denen sie nicht gewachsen war. Immer neue, beißende Schmähungen gingen über sie nieder. Sogar unter den Anhängern ihrer eigenen Partei fehlte es nicht an Männern, die das Regiment einer alleinstehenden Frau, die durch kein Eheversprechen an einen Mann gebunden war, nicht anerkennen wollten. Der Bischof Bonizone von Sutri, einst ein Verbündeter, wandte sich irgendwann aus diesem Grund von ihr ab; das verächtliche Urteil über mächtige Frauen in seinem Werk *Das christliche Leben* läßt keinen Zweifel darüber offen, wem es galt.

Daß sie keinem Ehemann verbunden war, setzte Mathilde überdies Verdächtigungen und beschämenden Anschuldigungen aus. Es ging dabei um ihre Beziehungen zu Papst Gregor und zu Anselm, dem Bischof von Lucca, den man aus seiner Stadt vertrieben und der sich zu ihr geflüchtet hatte. Die Verleumdungen erreichten ein Ausmaß, das es Anselm notwendig erscheinen ließ, seinen guten Ruf zu verteidigen. In seiner *Schrift gegen Wibert*, den Gegenpapst, geht er so weit, folgende Erklärung abzugeben: »Ich suche... in ihr nichts Irdisches und Fleischliches... sondern diene Tag und Nacht (meinem Gott), indem ich ihre Treue zu Ihm und zu meiner heiligen Mutter Kirche, die sie mir anvertraut hat, erhalte.«

Deusdedit, ein Kardinal und Legat Gregors VII. in Sachsen, schmäht Heinrich IV. in seiner *Collectio Canonum*, indem er ihm vorhält, von einer Frau besiegt worden zu sein. Er hatte nicht Unrecht, denn gerade wegen der großen Bedeutung ihres politischen und militärischen Handelns hatte Mathilde zahlreiche Feinde, und diese nahmen, wie wir gesehen haben, mit entehrenden Anklagen Rache an ihr. Ihre Fürsprecher bestätigten indirekt den tieferen Beweggrund für die wütenden Verleumdungen der Gegner: in den Werken dieser Männer gilt die Gräfin als wirkliche Protagonistin des Krieges und Streiterin für den Papst, und ihre

Wohnstätten werden zur sicheren Anlaufstelle für Vertriebene, vor allem Kirchenmänner, aber auch Laien, deren Schuld darin bestand, daß sie sich nicht auf die Seite des Kaisers geschlagen hatten.

Donizone unterstreicht nachdrücklich, daß Mathilde vielen Menschen Sicherheit garantierte. Die Chronisten Pseudo-Bardone und Rangerio, die beide eine Lebensgeschichte des Anselm von Lucca verfaßt haben, schreiben rückblickend: »In ganz Italien – da fehlt nur wenig – widersteht einzig dieses Haus (Mathildes)«, behauptet der erste und »Ein Haus nur hat alles ausgefochten« der zweite.

Papst Gregor hinterließ kurz vor seinem Tod 1085, nachdem er im Mai 1084 von den Normannen unter Führung Robert Guiscards aus der Engelsburg in Rom, wo Wibert inzwischen als Papst Clemens III. regierte, befreit und ins Exil nach Salerno gebracht worden war, der christlichen Welt ein trauriges und tragisches Bekenntnis: »Wenn einer, vom Gebot Christi bewegt, bis zu seinem Tod gegen die Bösen kämpft, so wird ihm von seinen Brüdern nicht geholfen – und dieses wäre ihre Pflicht –, er wird überdies für vermessen, ja für verrückt gehalten.« Der Bezug auf Mathilde (der die Gegner ihre »weibische« Leidenschaftlichkeit vorhielten, die sie dazu verführt habe, ihre Besitztümer für eine falsche Sache zu vergeuden) erscheint offensichtlich. Und er offenbart ihre ganze Isolation. Obendrein waren ihr in jenen leidvollen Jahren nicht nur alte Gegner wie die Markgrafen Obertenghi, überaus mächtige Herrscher in Nord- und Mittelitalien, feindlich gesonnen, sondern sogar die alten Verbündeten, die Este. Andere, von denen sie es nicht vermutet hätte, bereiteten ihr zusätzliche Probleme, es waren diejenigen, die, wie schon erwähnt, mißbilligten, daß sie als mächtige Frau bei den Regierungsgeschäften nicht von einem Mann begleitet und geleitet wurde. Ein selbst in jüngeren Abhandlungen über Mathilde gängiger Vorwurf lautet, daß sie im Umgang mit ihren Männern wenig Geschick gezeigt habe. Sie habe Männern gegenüber nur zwei vollkommen entgegengesetzte Verhaltensweisen einnehmen können, nämlich entweder tiefste Ergebenheit oder eine verächtliche, autoritäre Haltung. Diese habe sie ihren Ehemännern zuteil werden lassen, während ihren geistlichen Ratgebern und Freunden ihre ganze Hingabe und Verehrung gehörte.

Mathilde warf ihre Festungen und die Dörfer in ihrem Besitz praktisch weg und machte sich mit diesem Akt der Selbstenteignung noch einsamer. »Sie hat sich nicht gescheut, für den Herrgott ihre Kastelle, Häuser, Städte, Dörfer zu verlieren. Nicht allein das: sie fürchtet sich nicht davor, auch ihr Leben zu geben«, schreibt, fast wie ein Aufschrei klingend, Rangerio di Lucca.

In den Annalen der Toskana reicht die Erinnerung an Mathilde weit in die Geschichte zurück. Sie beginnt unter anderem im dreizehnten Jahrhundert bei dem Chronisten Ricordano Malispini. Hören wir, was er berichtet: »Und der besagte Heinrich kehrte aus der Toskana in die Lombardei zurück und führte dort einen großen Krieg gegen die Gräfin Matelda, die eine ergebene Dienerin der Heiligen Kirche war, und sie besiegte ihn.«

Wie einsam die Gräfin war, läßt sich an der Verklärung der Gräfin zur »Braut Christi« ablesen. Ihre Anhänger konnten auf diese Weise »ihrer gesellschaftlichen Stellung Rechtmäßigkeit verleihen und diese Stellung obendrein verklären«. In der von Rangerio verfaßten *Vita* Anselms wird die weibliche Gestalt mit Namen Mathilde in 255 Versen besonders als mächtige Frau ausführlich gewürdigt. Zur Rechtfertigung dient die biblische Figur der starken Frau, die im Alten Testament (Buch der Sprüche) häusliche Tätigkeiten für ihren Mann verrichtet, aber als Mathilde ihre häuslichen Fähigkeiten allegorisch in eine Befähigung zu öffentlichen Aufgaben verwandelt sieht. Der kritische Punkt in Mathildes Lebensumständen, ohne einen irdischen Bräutigam, wird hier glaubwürdig auf der Basis der Bibel gelöst.

Damit werden gleichzeitig auch ihr »Aktivismus«, ihre Politik, ihre Kriege erklärt, gerechtfertigt und geheiligt. So bereitet Giovanni da Mantova, ein Laie und Grammatiker, in seinem zwischen 1081 und 1083 entstandenen *Kommentar zum Hohen Lied* die Brücke, auf der Mathilde unbehelligt gehen, handeln und wirken kann: Mathilde sucht die Gegenwart von Christus, ihrem Bräutigam, auf den öffentlichen Plätzen und Straßen. Hier wird der Verzicht auf den Frieden in der Abgeschiedenheit des Konvents am deutlichsten ausgesprochen, doch von der grundsätzlichen mystischen Religiösität, die das Leben im Kloster beseelt, nämlich dem Streben nach Vereinigung mit Gott, wendet sie sich damit nicht ab.

Die Feststellung, daß Mathildes irdisches Leben einsam war, bildet keinen Widerspruch zum spirituellen Ehebund, zu dem sie genötigt war, und zu ihrer freiwillig übernommenen Rolle als aktiver und verläßlicher »Braut Christi«. Bereits wenige Jahre nach der Hochzeit wandte sich ihr zweiter Ehemann, etwa 1093, von ihr ab. Die Ehe war gescheitert, wozu Welf von Bayern wohl seinen Teil beitrug. Als siebzehnjähriger Jüngling hatte er die dreiundvierzig Jahre alte Mathilde geheiratet. »Der Fruchtbare«, wie er im Alter von 15 Jahren genannt wurde, starb, ohne Nachkommen gezeugt zu haben, in seiner deutschen Heimat.

Die Ehe war auf Betreiben Urbans II. zustande gekommen, der eine Verbindung zwischen dem Welfenhaus, seinen Vorkämpfern in Süddeutschland, und seiner treuesten Verbündeten in Italien herstellen und Heinrich damit den Weg durch Oberitalien und Süddeutschland erschweren wollte. Der Papst hat viele Briefe an Herzog Welf III. von Bayern und an Mathilde richten müssen, um die politische Ehe zwischen den ungleichen Partnern herzustellen.

Tatsächlich wurde der junge Welf es bald müde, an der Seite der mächtigen, sehr viel älteren Frau nur eine untergeordnete Rolle zu spielen. Er verlangte Verfügungsgewalt über ihren Besitz. Sie hatte ihm zwar versprochen, ihm einen Teil ihres Vermögens zu hinterlassen, erneuerte dann aber doch ihr altes Gelübde, all ihre Güter der Kirche zu überschreiben. Daraufhin trennte er sich von ihr, kehrte nach Deutschland zurück und löste damit den Abfall des Welfenhauses von der päpstlichen Seite aus. Sein Vater, der Herzog von Bayern, versöhnte sich 1096 wieder mit Heinrich, öffnete dem Kaiser den Weg zur Rückkehr nach Deutschland und vermittelte seine Aussöhnung mit den feindlichen süddeutschen Fürsten.

Natürlich handelte es sich um politische Ehen, die Mathilde eingegangen war, doch waren es auch, und zwar vor allem, unerträgliche Verbindungen gewesen: die erste mit einem Buckeligen, die zweite mit einem heranwachsenden Dickwanst, der wahrscheinlich unter Impotenz, mit Sicherheit aber unter Unfruchtbarkeit litt. Der berühmte Chronist des europäischen Mittelalters Villani vermerkt noch im vierzehnten Jahrhundert einen Nachhall der starken Zweifel, die man damals an der Manneskraft Welfs hegte. Seine Worte sind zwar mit einer guten Dosis Vulgarität getränkt, aber recht vielsagend und entbehren sicher nicht eines ursprünglichen Wahrheitskerns. Villani schreibt: »Welf konnte seiner Gemahlin und auch keines anderen Weibs Geschlecht erkennen, da es ihm durch angeborene Empfindungslosigkeit oder andere Hindernisse sein ganzes Leben lang verwehrt war; da er aber seine Schmach vor der Gemahlin verbergen wollte, sagte er, dies sei ihm durch Zauberei geschehen, weil man ihn um sein glückliches Geschick beneidete.« Villani erzählt weiter, daß Mathilde sich eines Tages ausgezogen und den Ehemann auf die Probe gestellt habe, dieser jedoch gescheitert sei. Daraufhin habe sie ihn fortgejagt.

Im Jahre 1099 nahm die Gräfin den florentinischen Grafen Guido Guerra an Sohnes Statt an. Mathilde zählte 54 Jahre und Guido wahrscheinlich weniger als die Hälfte. Er stand ihr fast bis zur Stunde ihres Todes zur Seite. Nach dem Jahre 1108 trat er aber nicht mehr als Sohn auf, Mathilde widerrief die Erklärung, in der sie ihn zum Erben eingesetzt hatte.

Es mag verschiedene Gründe gegeben haben, warum Mathilde den Grafen aus Florenz adoptierte: Mathilde und ihre Mutter Beatrix fühlten sich Florenz besonders verbunden (eine Miniatur aus der *Vita* Mathildes zeigt Beatrix mit der florentinischen Lilie in den Händen); außerdem hatte Florenz als einzige der großen toskanischen Städte Mathilde Treue bewiesen, es war im Jahr 1068 mit einem aufsehenerregenden Schritt auf die Seite der Reformisten übergelaufen; vielleicht spürte sie auch die Notwendigkeit, einen Mann an ihrer Seite zu haben, der sie nicht nur aus der peinlichen Stellung einer einsamen, unverheirateten Frau befreite, sondern auch ihren ökonomischen Entscheidungen Legalität und Unangreifbarkeit verlieh (den vielen Schenkungen zum Beispiel, die Mathilde vor allem in ihren letzten Jahren machte). Zu diesen Beweggründen kam sicher

Beatrix, Mathilde von Canossas Mutter

auch das Bedürfnis hinzu, ein Familienmitglied in der Nähe zu haben, um die Einsamkeit zu überwinden, die nach dem Verlust so vieler nahestehender Freunde unerträglich geworden war. Mathilde überlebte sie fast alle, als wandle sie nun allein über eine weite Ebene, die einst von den Stimmen vieler Freunde, von vertrauten Schritten an ihrer Seite belebt worden war: »allein und einsam eine Frau, die singend / Hinwandelte…« (die Worte Dantes über Matelda im irdischen Paradies kommen uns in den Sinn). Mathilde wurde fast siebzig Jahre alt, ein sehr fortgeschrittenes Alter für jene Zeit, für die eine durchschnittliche Lebenserwartung von etwa dreißig Jahren galt.

Dennoch, mit dieser Adoption erhielt sie zu spät einen Sohn; zudem war allen bewußt, daß er ihr Erbe nicht würde antreten können: zu viele dunkle Wolken hatten sich über den Ländereien, den Burgen und Städten der Canossa zusammengezogen.

An dieser Stelle können wir nicht umhin, noch einmal eingehend das wunderschöne und traurige Portrait zu betrachten, das in Bianello aufbewahrt wird. Hier hat sich bis ins vierzehnte Jahrhundert, die Zeit, in der das Bild wahrscheinlich entstanden ist, ein lebendiges Andenken an Mathilde erhalten. Auf diesem Gemälde geht von ihren Augen kein Ausdruck der Bescheidenheit und Sanftmut aus, wie auf der Miniatur der Handschrift aus der Steiermark oder auf dem heute in Privatbesitz befindlichen Fresko aus der Kirche Santa Trinità in Verona, das Mathilde als sehr junge Frau darstellt. Das Bildnis von Bianello zeigt eine traurige Frau, ebenso wie das Gemälde des Orazio Farinati aus dem sechzehnten Jahrhundert, das sich in San Benedetto Po befindet, wo sie begraben wurde. Eine ikonographische Tradition, die, wie wir sahen, der Darstellung Mathildes als mannhafter Kriegerin weichen mußte, so im Grabmal des Bernini und im *Befreiten Jerusalem* Tassos.

Anders liegt die Sache bei Ariost, der sie im *Orlando Furioso* als »ruhmreich, weise, keusch« bezeichnet, und ebenso im *Orlando Innamorato* des Boiardo. Hier wird an Mathilde nicht namentlich erinnert, doch wird sie symbolisch mit den »goldenen Lilien« gleichgesetzt, dem Wahrzeichen von Florenz, der treuen Stadt. Obwohl das Darstellungs- und Erinnerungsmuster der kriegerischen Frau in der bildenden Kunst wie in der Literatur teilweise der Realität entspricht und mit tiefempfundenen Beweggründen zusammenhängt, die ihre Anhänger veranlaßt haben müssen, Mathilde schon zu ihren Lebzeiten so zu charakterisieren, wird dieses Bild doch erst sehr viel später, nämlich im Barock, Verbreitung finden und beachtliche Überzeugungskraft erlangen.

Die Wandlung im Andenken Mathildes vollzog sich nicht zufällig in Zeiten, in denen widerspruchsvolle Frauengestalten, die wie die Heldinnen Tassos oder anderer Schriftsteller von männlichen Verhaltensweisen fasziniert waren, in den Vordergrund traten. Die Kirche benötigte wieder einmal Helden.

Als sie die Regierung über ein riesiges und zudem recht unterschiedlich zusammengesetztes Staatsgebiet antrat, fand Mathilde sich in einer sehr verantwortungsvollen Position, in der sie fast immer auf sich selbst gestellt war. Von der nördlichen Lombardei um Brescia, wo sie Gräfin war, bis hinunter in den Norden Latiums reichten die Ländereien ihres Hoheitsgebiets, das sie zu weiten Reisen zwang. Mit den Ortswechseln waren immer auch alle Mühen und Gefahren des Reisens in damaliger Zeit verbunden, vor allem für Personen, die eine mächtige Institution verkörperten, und daher ständig möglichen Anschlägen und Racheakten ausgesetzt waren.

Man hat ausgerechnet, daß der kaiserliche Hof – zu jener Zeit mußte der Kaiser umherfahrend regieren – sich zu Fuß und zu Pferde mit einer Geschwindigkeit von etwa dreißig Kilometern am Tag fortbewegte. Mathildes Gefolge, das oft sehr zahlreich war, kann kaum eine viel längere Strecke zurückgelegt haben. Hinzu kam eine Reihe von Unbilden (unter denen die Menschen jener Zeit allerdings in weniger starkem Ausmaß litten) wie Kälte, Frost, im Sommer trokkene Hitze in sonnendurchglühten Ebenen, unwegsame Pfade, die im Zickzack über Bergrücken verliefen und steil in Täler hinunterführten, häufig von Dickicht und Wäldern eines noch weitgehend im wilden Urzustand befindlichen

Apennin überwuchert. Weiter mußte die Verpflegung zum größten Teil direkt vor Ort beschafft werden: frisches Heu für die Pferde, trockenes Heu für die Rinder; hinzu kamen Sorgen um diese und andere Tiere, die den Menschen des Mittelalters zum Überleben dienten. All dies vermittelt erst eine ungefähre Vorstellung davon, wie das Reisen im Mittelalter ausgesehen haben muß, auch wenn wir dessen Beschwerlichkeiten und Gefahren natürlich in groben Zügen kennen. Räuberbanden, bewaffnete Männer, Krankheiten wie die Lepra, die Ruhr, die Pest bedrohten alle, die unterwegs waren, Könige und Kaiser nicht ausgenommen. Das Dunkel der kalten Nächte, das die Fahrenden nötigte, geeignete Plätze zu finden, wo man lagern und Zelte aufstellen konnte, eine Dunkelheit, in der es gefährlich war, Feuer anzuzünden – dies war sicher nicht die geringste der Mühen unter all den Widrigkeiten, denen man damals mit häufig primitiven Mitteln begegnen mußte.

Die Reise zog sich in jenen Zeiten oft länger hin als erwartet. Der Grund war das tiefe religiöse Empfinden der Menschen, die stark von den Kirchen und Heiligtümern oder berühmten Klöstern in der Nähe der Wegstrecke angezogen wurden und diese besuchen wollten, um zu einem verehrten Heiligen zu beten, vor seinen Reliquien, dem einbalsamierten Körper niederzuknien, der den Besucher hinter den dicken Glasfenstern des Schreins im Halbdunkel der Kirche anzustarren schien. Meist waren es romanische Bauwerke mit wenigen kleinen Fenstern, wo zu bestimmten Tageszeiten kaum mehr Licht einfiel. Öllampen, deren starker Geruch durch die rauchgeschwängerten Gewölbe zog, spendeten ein wenig Licht; zu den Dämpfen und dem Schein großer Wachslichter und Kerzen kam das Licht der kleinen, stämmigen Leuchten hinzu, das an einem Docht

Mathilde, anonyme Zeichnung

brannte, der häufig ersetzt werden mußte, weil er in die Flüssigkeit fiel oder zu schnell verbrannte.

Furcht und Frömmigkeit zwangen also zu Umwegen oder Aufenhalten an diesen Orten. Die Mächtigen fühlten sich verpflichtet, Schenkungen zu machen, um die Heiligen günstig zu stimmen, ihrem eigenen Seelenheil, dem der verstorbenen Eltern oder anderer Verwandter zuliebe oder um für einen guten Ausgang der Reise und ihrer politischen und militärischen Unternehmungen zu bitten. So sahen Mathildes Reisen aus, die zusätzlich durch die große Ausdehnung ihres Herrschaftsgebiets, die heimtückischen Bedrohungen des Krieges und zahlreiche andere Feindseligkeiten erschwert wurden.

Die Fahrten von einem Ort zum anderen waren also von großer Langsamkeit geprägt, umso mehr natürlich, wenn wir sie mit den Reisen unserer Tage vergleichen, und diese Langsamkeit machte sie noch aufreibender, oft unerträglich. Allerdings müssen wir uns diese Reisen ohne den Streß des heutigen Reisens vorstellen, das oft gehetzt ist, vom Zeitdruck und vom Zwang, sich zu beeilen, überall sofort anzukommen, beherrscht wird. Dennoch wurden manchmal auch in jenen längst vergangenen Tagen Reisen von plötzlich auftretenden Notwendigkeiten diktiert, vor allem während der Kriege; dann mußte, wie es bei Mathilde oft der Fall war, sofort aufgebrochen werden, egal zu welcher Jahreszeit. Auch wenn es den Mächtigen auf weiten Strecken nicht an Zufluchtsorten auf ihrem Territorium fehlte, wo man sie aufnahm und den Männern und Tieren in ihrer Begleitung Unterkunft und Verpflegung gab, erleichterte doch nichts die Beschwerlichkeit der Strecke, egal, ob man sich in der Hitze glühendheißer Sommer oder in den strengen Winterfrösten auf den Weg machte. Man denke an jenen Januar des Jahres 1077: von den ersten Novembertagen bis in den Frühling hörte es nicht zu schneien auf, und König Heinrich IV. schleppte sich aus Deutschland bis nach Canossa, wo er überdies drei Tage (und vielleicht

104

auch drei Nächte) lang zwischen dem dritten und zweiten Mauerring ausharren mußte, bis er vom Papst empfangen wurde.

Mathilde überquerte häufig den Apennin, um in ihre Grafschaft Toskana zu gelangen, wohin die Aufstände vieler Städte sie riefen. Dann war sie genötigt, möglichst wenig Zeit zu verlieren und ungeachtet der Jahreszeit sofort zu den Aufständischen zu eilen. So konnte es auch geschehen, daß sie gezwungen wurde, sich in die nebelige Poebene zu begeben, obwohl sie sich gerade im Herzen ihrer Ländereien aufhielt. So mußte sie Ende 1090 und zu Beginn des Jahres 1091, als die kritische Phase des Krieges heranbrach, schnell nach Mantua mit seinen nahen Festungen aufbrechen.

Mathilde verbrachte eine große Zeit ihres Lebens auf Reisen, die sie in viele Orte innerhalb ihres Staatsgebietes und in andere, nähere und entlegenere, Staaten führten. Nachdem sie 1072 mit ihrem Gemahl Gottfried dem Buckligen aus Lothringen zurückgekehrt war, reiste sie zunächst mit ihm und der Mutter Beatrix; nach der Trennung von ihrem ersten Mann und dem Tod der Mutter (1076) reiste sie stets allein, von seltenen Ausnahmen um das Jahr 1090 herum abgesehen, bei denen Welf von Bayern sie begleitete.

Chroniken und andere historische Quellen, private Zeugnisse und öffentliche Dokumente, die mit Mathildes Namen verbunden sind, sind nur teilweise bis in unsere Zeit erhalten geblieben (davon sind viele unveröffentlicht und unzugänglich) und offenbaren uns daher nur in Ausschnitten ein Bild ihrer Verwaltungs- und Regierungstätigkeit. Es reicht aber, das Ausmaß an Pflichten erkennen zu lassen, das sie im Lauf der Zeit und mit fortschreitendem Alter sehr viel Kraft gekostet haben muß und womöglich zu einem Zustand völliger Entkräftung geführt hat. In den Jahren vor den Kriegen, zwischen 1072 und 1080, reiste sie jedes Jahr vom Norden in die Toskana, und immer wieder nahm sie alle Beschwerlichkeiten der Apenninstrecken und der malariaverseuchten Einöden im Süden dieser Region auf sich.

Sei es, um Recht zu sprechen oder einer Kirchenweihe beizuwohnen, sei es, um eine Schenkung an eine kirchliche Einrichtung zu vollziehen oder Kontakt mit dem Papst zu halten, wir treffen sie überall an, von Verona im Norden bis nach Rom im Süden oder Perugia im Westen ihres Reiches. Vor allem die Rechtsstreitigkeiten, Folge der sich immer weiter ausbreitenden Unruhen und Aufstände auf ihrem Territorium, das von so unterschiedlicher Beschaffenheit war (Städte, Abteien, Kathedralen, Gemeinschaften von Bauern und Adeligen, die einander nicht selten bekämpften), jagten sie von einem Ort zum anderen.

Dieser Staat, den manche Historiker als Keimzelle eines modernen Staatswesens beschreiben, war in seinen Grenzen schon zu Zeiten ihres Vaters Bonifaz festgelegt worden, von der eisernen Faust des mächtigen Markgrafen aber auch fest zusammengehalten. Die Tochter zog es dagegen vor, ihn umherreisend zu regieren, und die Häufigkeit dieser Reisen mußte ihre physischen Kräfte zwangsläufig aufzehren, mußte sie ermüden, nicht selten sogar völlig erschöpfen. Es ist durchaus nicht übertrieben, eine solche Behauptung aufzustellen – wie mühsam war das Reisen damals selbst für die Mächtigen! Zahllose Hindernisse stellten sich den Umherreisenden in den Weg, wobei für eine Frau wie Mathilde, die auf ihren Reisen viele und sehr unterschiedliche Menschen aufsuchen mußte, zusätzliche Schwierigkeiten entstanden.

Und doch intensivierte sich ihre Reisetätigkeit mit Ausbruch des Krieges zu Beginn des Jahres 1080, wurde aber auch verworren und kompliziert durch den militärischen Konflikt und die taktischen Bewegungen, zu denen er nötigte. Bis in das Jahr 1094 hinein sehen wir einen Menschen vor uns, der alles von sich verlangt, um der drückenden, zweifachen Verpflichtung gerecht zu werden, die Kontrolle über ihre Ländereien auszuüben und die Kriegsführung zu überwachen. 1092 trat der Krieg in seine entscheidende Phase. Während die kaiserliche Partei in Rom die Engelsburg einnahm, Herr über die ganze Stadt wurde und den Gegenpapst Clemens III. einsetzte, eröffnete andererseits der Kaiser persönlich den direkten Angriff auf die stärksten Festungen Mathildes. Die Kämpfe verlagerten sich aus der Ebene um Mantua in die Täler des Apennin, wo besonders viele und schwer zu erobernde Burgen lagen. Als Mantua dem Kaiser nach elfmonatiger Belagerung die Stadttore öffnete, eilte Mathilde in ihre Festungen im Gebirge, wo Heinrich IV. sie von Berg zu Berg verfolgte, über das ganze dichte Netz ihrer Burgen hinweg, die so nahe beieinander standen, daß man, wie Donizone berichtet, den tosenden Lärm der Pferde und Waffen der gegnerischen Seite hören konnte. Es waren dies Jahre, Monate, Tage der Angst, und so groß war ihre Bedrängnis, daß sie, wie wir sahen, innehalten und auf den Rat vieler Freunde hin überlegen mußte, ob es noch möglich war, einen solchen Krieg fortzusetzen.

Der Sieg wurde mit zusammengebissenen Zähnen errungen; aber aus dem Bericht Donizones, den Briefen ihrer Anhänger und den zeitgenössischen Chroniken geht deutlich hervor, daß es sich um einen äußerst schweren Kampf gehandelt haben muß. Die sechsundvierzigjährige Mathilde ging im Jahr 1092 schwer angeschlagen aus diesem Kampf:

die Freunde waren gefangengenommen oder getötet worden, viele Burgen verloren, in den toskanischen Städten herrschte Aufruhr, und Mantua sollte vierundzwanzig Jahre lang, bis etwa ein Jahr vor ihrem Tod, abtrünnig bleiben.

Auch wenn der Krieg praktisch beendet war, gönnte sich Mathilde keine Pause; die Verhältnisse in ihrem Staat mußten nach Möglichkeit geordnet werden, und so sehen wir sie fast noch häufiger auf Reisen als zuvor, in Richtung Toskana, wohin sie sich von 1095 bis 1111 fast jedes Jahr begab, oder nach Rom, wohin sie 1096 Papst Urban II. begleitete, der nach seiner langen Reise durch Frankreich, auf der er für den Kreuzzug geworben hatte, durch das Hoheitsgebiet der Canossa kam. In Rom wird es damals für Mathilde nicht leicht gewesen sein: Die kaisertreuen Gegner Urbans waren weiterhin stark, in der Peterskirche wurden französische Kreuzfahrer von der Decke aus mit Steinen beworfen, und in der Stadt war keiner seines Lebens sicher, der als Anhänger Urbans erkannt wurde.

Wir sehen Mathilde aber auch im Zentrum ihres Reiches, wo der Krieg in Städten, Dörfern, Klöstern und Kastellen am schlimmsten gewütet hatte. Sie mußten alle wieder in Besitz genommen und instandgesetzt werden. Die größten Schwierigkeiten bereitete es jedoch, den (auch äußerlich sichtbaren) Zerfallsprozeß aufzuhalten, der das Machtgefüge der Canossa während der Wirren des Krieges ergriffen hatte: Aufstände, erpresserische Forderung nach Selbstverwaltung, aufrührerische Bewegungen aller Art ängstigten Mathilde, die nicht zu Unrecht weiterhin den Traum vom klösterlichen Frieden hegte, weil die Belastungen sie zermürbten.

Bis zum Jahre 1114 sehen wir sie noch zwischen dem Apennin und der Ebene um Mantua, Verona und Cremona

San Benedetto di Polirone, heutiger Zustand

umherreisen. Im Herbst endlich beschließt sie, sich in das kleine befestigte Dorf Bondanazzo zurückzuziehen, wo sie sieben Monate später stirbt. Die Krankheit, die ein Leben voll drückender Sorgen, Schlachten, Fluchten und beschwerlicher Reisen sicherlich noch begünstigt, vielleicht auch verursacht hatte, war nun ausgebrochen. Schon von 1111 an verringern sich allmählich ihre Reisen über den Apennin, wir sehen sie seltener in den Burgen um Mantua, im geliebten Kloster am rechten Ufer des Po, das damals »di Lirone« genannt wurde und an einem Seitenarm des großen Flusses lag, genau dort, wo der Po heute verläuft.

Über die Krankheit, die sie seit Jahren schon gequält haben muß, hat ein Arzt und Historiker geschrieben: »Es handelte sich um eine äußerst schmerzhafte Krankheit, und es gab damals kein schmerzlinderndes Mittel (die Chinarinde oder das Chinin wird erst nach der Entdeckung Amerikas nach Europa gelangen); aber als Kardiologe kann ich mit einiger Genauigkeit sagen, daß bei einer an Arthritis leidenden Frau von 69 Jahren zusätzlich eine wahrscheinlich degenerative Kardiopathie aufgetreten sein muß, um innerhalb von sechs Monaten den Tod herbeizuführen, da die Gicht oder Arthropathie zwar jene deutlich schmerzhaften und zu schweren physischen Beeinträchtigungen führenden Symptome aufweisen konnte, die große Anteilnahme hervorrufen, an sich aber keine tödliche Krankheit ist. Sie ist jedoch Anzeichen einer Stoffwechselstörung, die häufig insbesondere den Kreislauf in Mitleidenschaft zieht.«

Ein Herzstillstand also beendete dieses Leben, das Mathilde am Schluß gezwungen hatte, innezuhalten und sechs oder sieben Monate in fast völliger Unbeweglichkeit zuzubringen. Sie mußte jedesmal gestützt werden, wenn sie sich vom Bett erheben wollte, um in die Kirche zu gehen, und ganz zuletzt lag sie vollkommen gelähmt da, die Augen fest auf die kleine Kapelle gerichtet, die sie sich in jenem Winkel der Welt direkt vor der letzten Zufluchtsstätte ihres Lebens hatte erbauen lassen. Einst war sie in großer Eile durch halb Italien gereist, da sie ihren Gott im barmherzigen und wohltätigen Handeln suchte, was sie für viele Gelehrte ihrer Zeit zum Gegenstand eines erhabenen Vergleichs, zur »Braut Christi« werden ließ.

In der Nachbarschaft des geliebten Klosters San Benedetto Po, mit Blick auf die Reliquien des Apostels Jacobus, hatte sie endlich das von früher Jugend an erträumte, beschauliche Leben gefunden, doch war es jetzt ein erfüllteres Dasein geworden. Es hatte sich in unzähligen guten Werken verkörpert, den Blumen, die Dante sie pflücken und sich als Kranz auf das Haupt setzen sah, als er sie in der Matelda des irdischen Paradieses idealisierte. Rote und gelbe Blumen – von der gleichen Farbe waren ihre Gewänder, die Mathilde gerne bei wichtigen Anlässen trug. In diesen Farben erblicken wir sie auf den Miniaturen, Gemälden und schon den ersten zeitgenössischen Bildnissen. Aber auch für ihr Begräbnis, so heißt es, wollte sie mit einem großen roten Gewand bekleidet sein.

Lea und Rachel, Martha und Maria, Sinnbilder des aktiven und des beschaulichen Lebens, hatten sich am Ende in Mathilde wieder vereint, zu Beginn jenes längst vergangenen zwölften Jahrhunderts, als das Mittelalter im Umbruch begriffen war. Damals, in den Wirren einer neuen Zeit, verwandelte sich das alte mönchische Ideal der Kontemplation im Gebet, in das Ideal aktiver Missionierung, in den häufig erbittert, nicht selten sogar mit gewalttätigen Mitteln ausgeführten Vorsatz, Inhalte einer Religion zu verbreiten, die nicht mehr in allen Fällen mit ihren weit zurückliegenden Wurzeln übereinstimmte. Mathilde orientierte sich jedoch an diesem ursprünglichen Geist des Christentums, sie kämpfte bis zu ihrem Tod für eine reformierte Kirche, der Priester, Bischöfe und Mönche angehören sollten, die nach den Geboten des Evangeliums handeln. Und sie kämpfte gegen die feudale Kirche, die zum großen Teil aus mächtigen und prunkliebenden Kirchenmännern bestand, aus Simonisten und Lüstlingen, die »sich wie Zuchthengste auf die Frauen werfen«, wie ein Synodist damals ausrief.

Mathilde fand am Ende das Ideal der Ruhe und des Gebetes wieder, zu dem sie sich immer hingezogen gefühlt hatte, seit sie Papst Gregor VII. in einem Brief diese Sehnsucht mitgeteilt hatte. Donizone schreibt, daß sie in der Liebe zu Christus nunmehr sogar die Priester übertraf. Tag und

Nacht, fährt er fort, gab sie sich mit wachsender Liebe den Psalmen und der Feier der ganzen Liturgie hin; sie war darin sehr geübt, ganz von religiösem Geist durchdrungen. Die erfahrensten Priester standen ihr dabei zur Seite, und es gab keinen Bischof, der sich so liebevoll um die für die Meßfeier bestimmten Gewänder und Gefäße gekümmert hätte wie sie. Lange hatte sie für Gott gekämpft, jetzt, nach den errungenen Siegen, lebte sie endlich den ersehnten Frieden.

Dies war ihr während der langen Jahre des Krieges nicht gestattet gewesen: in seiner *Vita* des Anselm von Lucca berichtet uns der Pseudo-Bardone über Anselm und Mathilde, daß beide gerne vor den »Verderbnissen« der Welt geflohen wären, um sich frommer Betrachtung hinzugeben, daß sie aber gezwungen gewesen seien, sich auf beängstigende, zunehmend kompliziertere, weltliche Probleme einzulassen.

Doch jetzt war alles vorüber und der so lange ersehnte Frieden errungen.

Weiterführende Bücher

Handbücher zur Geschichte

Handbuch der deutschen Geschichte, hg. v. Herbert Grundmann, Stuttgart 1970, Bd. 1
Handbuch der europäischen Geschichte, hg. v. Theodor Schieder, Stuttgart 1987, Bd. 2
Deutsche Geschichte, hg. v. Horst Bartel u. a., Köln 1983, Bd. 2: *Die entfaltete Feudalgesellschaft von der Mitte des 11. Jahrhunderts bis zu den siebziger Jahren des 15. Jahrhunderts*
Haller, Johannes, *Das Papsttum. Idee und Wirklichkeit*, 5 Bde. Reinbek b. Hamburg 1965, Bd. 2: Der Aufbau

Einzeldarstellungen

Donizone di Canossa, *Vita di Matilde di Canossa*, hg. v. P. Golinelli, Mailand/Zürich 1984 (das Original: Codice Vaticano Latino 4922; dt. Ausgabe: hg. v. L. C. Bethmann, Hannover/Leipzig 1856)
Duby, G., *Donne nello specchio del Medioevo*, Rom/Bari 1995
Ennen, E., *Frauen im Mittelalter*, München 1994 (5. Aufl.)
Fumagalli, V., *Matilde di Canossa*, in: *Storia illustrata di Modena*, Heft 11, Mailand 1989
Fumagalli, V., *Le origini di una grande dinastia feudale*. Adalberto Atto di Canossa, Tübingen 1971
Ghirardini, L. L., *La bellezza di Matilde di Canossa*, Reggio Emilia 1986
Ghirardini, L. L., *Storia critica di Matilde di Canossa. Problemi (e misteri) della più grande donna della storia d'Italia*, Reggio Emilia 1989
Golinelli, P., *Matilde e i Canossa nel cuore del Medioevo*, Mailand 1991
Golinelli, P., *I poteri dei Canossa da Reggio Emilia all'Europa*, Bologna 1994
Grimaldi, N., *La contessa Matilde e la sua stirpe feudale*, Florenz 1928
Haverkamp, A., *Mathildische Güter*, in: *Handwörterbuch der deutschen Rechtsgeschichte*, hg. v. A. Erler/E. Kaufmann, 1971ff.

113

Haverkamp, A., *Die Städte im Herrschafts- und Sozialgefüge Reichsitaliens*, in: F. Vittinghoff (Hg.), *Stadt und Herrschaft. Römische Kaiserzeit und Hohes Mittelalter*, München 1982

Huddy, M. E., *Matilda, Countess of Tuscany*, (1906, Nachdruck 1977)

Kämpff, H. (Hg.), *Canossa als Wende*, Darmstadt 1963

Nobili, M., *La cultura politica alla corte di Matilde di Canossa*, in: V. Fumagalli (Hg.), *Le sedi della cultura nell'Emilia Romagna. L'Alto Medioevo*, Mailand 1983

Nencioni, G., *Matilde di Canossa*, Mailand 1950

Overmann, A., *Gräfin Mathilde von Tuscien*, Innsbruck 1885 (Nachdruck 1965)

Rospa, G., *Intorno a un tema apologetico della letteratura »matildica«: Matilde di Canossa »Die Sposa«*, in: *Reggiolo Medievale*, Reggio Emilia 1979

Simeoni, L., *Il contributo della contessa Matilde al papato nella lotta per le investiture*, in: *Studi Gregoriani 1*, Salerno 1989

Studi Matildici III., Modena 1978

Tondelli, A., *Matilda di Canossa*, Reggio Emilia 1925

Tondelli, A., *Il millennario di Canossa*, Reggio Calabria 1951

Tosti, L., *Vita della contessa Matilde*, Rom 1886

Zimmermann, H., *Der Canossagang von 1077. Wirkungen und Wirklichkeit*, Mainz 1975

954 Kaiser Otto der Große (912–973) begründet durch die Vergabe von höchsten Reichsämtern an Geistliche die Reichskirchenpolitik. Da das Zölibat der kirchlichen Amtsträger die Vererbung ihrer Ämter ausschließt, behält der Kaiser die Zentralgewalt. Die Kirche wird Träger der Reichseinheit. Durch die Unterstützung Ottos I. kann Azzo Adalberto, Begründer der Dynastie der Attoni und Urgroßvater Mathildes, seine Macht auf die Städte Modena, Reggio Emilia und Mantua ausdehnen.

1014 Kaiserkrönung Heinrichs II. in Rom. Heinrich überträgt alle italienischen Bistümer an Deutsche. Unter Heinrich II. (973–1024) erreicht das mittelalterliche Reichskirchensystem seinen Höhepunkt.

1021–1022 Synode von Pavia. Papst Benedict VIII. und Kaiser Heinrich II. beschließen schwere Strafen für Priester, die gegen das Zölibat verstoßen.

1024 Tod Heinrichs II. am 13. Juli. Mit der Wahl Konrads II. zum König kommt die Dynastie der Salier an die Herrschaft. Am Hof Konrads II. wächst seine Nichte Beatrix von Lothringen, die Mutter Mathildes, auf.

1033 Unter Kaiser Konrad II. dehnt sich das Heilige Römische Reich als Triasimperium Romanum auf Deutschland, Italien und Burgund aus.

1039 Nach dem Tod Kaiser Konrads II. übernimmt sein bereits 1028 zum König gekrönter Sohn Heinrich III. die Herrschaft. Das deutsche Kaisertum erreicht seinen Höhepunkt.

1040 Beatrix von Lothringen, die Mutter Mathildes, heiratet Bonifaz, den Enkel Azzo Adalbertos aus dem Geschlecht der Attoni.

1043 Heinrich III. heiratet Agnes von Poitou, die Tochter Wilhelms V. von Aquitanien und Poitou.

1046 Mathilde wird geboren (wahrscheinlich in Mantua). Synoden von Sutri und Rom. Papst Benedikt IX. wird wegen Simonie, dem Kauf geistlicher Ämter und kirchlicher Sakramente, abgesetzt und der Bischof von Bamberg als Clemens II. zum Papst gewählt. Er ist der erste von drei deutschen Päpsten, die Heinrich III. auswählt, um seine Macht in Rom zu sichern. Am Weihnachtstag krönt er Heinrich III. zum römischen Kaiser.

1049 Leo IX., von Kaiser Heinrich III. auf dem Wormser Reichstag zum Papst erhoben, begründet das Reformpapsttum, dessen wichtigste Ziele die Bekämpfung der Simonie und die Durchsetzung des Zölibats sind. Unter Leo IX. entsteht das einflußreiche Kardinalskollegium, dem auch Hildebrandt, der spätere Papst Gregor VII., und Humbert von Silva Candida angehören.

1052 Am 6. Mai wird Bonifaz, Mathildes Vater, ermordet.

1054 Beatrix von Lothringen heiratet ihren Cousin Gotfried den Bärtigen, Herzog von Lothringen, einen Verwandten Papst Leos IX.

1055 Kampf Kaiser Heinrichs III. und Papst Leos gegen die Unabhängigkeitsbestrebungen des Markgrafen von Canossa. Gottfried flieht, Mathilde und ihre Mutter werden als Gefangene nach Deutschland gebracht.

1056 Tod Kaiser Heinrichs III. Zum König wird sein 1050 geborener Sohn Heinrich IV. gekrönt. Die Regentschaft übernimmt, bis sie 1062 als Kaiserin gestürzt wird, seine Mutter Agnes von Poitou, danach steht Heinrich IV. unter der Vormundschaft der Erzbischöfe von Köln und Bremen. Bis zu seinem Regierungsantritt 1065 ist die Opposition der weltlichen und geistlichen Fürsten in Deutschland erstarkt.
Mathilde und Beatrix kehren nach Italien zurück. Zu Mathildes Ehemann wird Gottfried der Bucklige, der Sohn ihres Stiefvaters, bestimmt.

1057 Das Programm des Investiturstreits und der Kirchenreform wird verfaßt von Kardinal Humbert von Silva Candida: *Tres Libri Adversus Simoniacos*. Simonie wird als Ketzerei bezeichnet, und die Machtgier der Laien für die Mißstände in der Kirche verantwortlich gemacht.

1059 Nikolaus II. wird Papst und erläßt eine neue Papstwahlordnung, nach der die Päpste nicht mehr vom deutschen Kaiser benannt, sondern von den Kardinalbischöfen gewählt werden sollen. Urheber der Ordnung sind die Kardinäle Humbert und Hildebrandt.

1064 In Mantua tagt ein Konzil deutscher und italienischer Bischöfe und Fürsten, mit dem Ziel, den Kandidaten des Reformpapsttums, Alexander II., gegen den Kandidaten der kaisertreuen Lombarden durchzusetzen. Beatrix verhindert durch das Erscheinen ihrer Soldaten einen Überfall der Lombarden.

1069 Tod Gottfrieds des Bärtigen.

1070 Herzog Welf IV., Mathildes späterer Schwiegervater, erhält Bayern, das bis 1180 unter der Herrschaft der Welfen bleibt.

1073 Alexander II. stirbt am 21. April. Am nächsten Tag wird sein einflußreicher Archidiakon Hildebrandt vom römischen Volk und Klerus als Gregor VII. auf den Papstthron gesetzt. Heinrich IV. wird von der Ernennung nicht einmal benachrichtigt.

Aufstand der sächsischen Fürsten gegen Heinrich IV., der nach Worms flieht.

1074 Auf der Fastensynode erklärt Gregor VII. dem Normannen Robert Guiscard den Krieg. Von Beatrix und Mathilde erwartet er militärische Unterstützung. Ein Aufstand unter ihren Vasallen in der Toskana ruft die Gräfin ab, der Feldzug wird aufgegeben.

1075 Am 24. Februar eröffnet Papst Gregor die Fastensynode mit der Bekanntgabe seiner Schrift *Dictatus Papae*. In 27 knappen Sätzen bezeichnet er sich als unumschränkten Herrscher über die Universalkirche, der allein Könige und Kaiser ein- und absetzen und die Untertanen von ihrem Treueeid gegenüber dem Kaiser entbinden darf.

1076 Heinrich IV. schlägt die Sachsen in der Schlacht an der Unstrut bei Homburg, die aufständischen Fürsten unterwerfen sich, die Macht des Königs ist gefestigt. Heinrich IV. nimmt den Kampf gegen den Papst auf. Die Synode von Worms, an der die weltlichen Fürsten und fast alle deutschen Bischöfe teilnehmen, erklärt Papst Gregor VII. am 24. Januar für abgesetzt. Er wird der Verletzung des Wahlgesetzes von 1059 und mit seinem »Weibersenat« mit Mathilde und Agnes, der Mutter Heinrichs IV., der Übertretung des Zölibats für schuldig befunden.

Gregor VII. antwortet am 22. Februar mit der Exkommunikation Heinrichs IV. und entbindet seine Untertanen von ihrem Gehorsam gegenüber dem König. Die oppositionellen, päpstlich gesinnten deutschen Fürsten verlangen von Heinrich, binnen Jahresfrist die Auflösung des Bannes zu erwirken und einigen sich mit Gesandten Gregors bereits auf einen neuen König. Im Oktober bitten zehn deutsche Bischöfe den Papst um Verzeihung und laden ihn nach Deutschland ein. Heinrich IV. bricht nach Italien auf, um dem Treffen zuvorzukommen.

1077 Gang nach Canossa. Heinrich IV. unterwirft sich auf Mathildes Stammburg Canossa im Büßergewand dem Papst. Am 28. Januar wird der Kirchenbann gelöst.

Die aufständischen Fürsten wählen am 15. März Rudolf von Schwaben zum Gegenkönig. Deutschland ist gespalten: Der Süden und Westen bleibt Heinrich treu, Sachsen steht hinter Rudolf.

In Oberitalien festigen sich die Reihen der Gegner Gregors VII., seit Erzbischof Wibert von Ravenna, der aus einer Seitenlinie der Canossa stammt, die Führung der königstreuen oberitalienischen Fürstentümer übernommen hat.

um 1079 Mathilde schenkt ihr gesamtes Hausgut dem Heiligen Stuhl, um es als ein Lehen auf Lebenszeit zurückzuerhalten.

1080 Auf der Jahressynode im März in Rom erneuert Papst Gregor VII. seinen Bann über Heinrich, wiederholt und verschärft das Verbot der Investitur durch Laien und verhängt die Absetzung Wiberts von Ravenna.

Im Juni kommen in Brixen dreißig deutsche und italienische Bischöfe zusammen, beschuldigen Gregor VII. der Irrlehre und Zauberei und der Anstiftung zu Raub und Mord und sprechen erneut die Absetzung aus. Wibert von Ravenna wird als Clemens III. zum Gegenpapst gewählt.

Gregor erklärt Wibert sogleich für abgesetzt und ruft für den Herbst zum Feldzug nach Ravenna auf, bei dem Mathilde von Norden her angreifen soll. Mathildes Truppen müssen jedoch vor den königstreuen Lombarden fliehen und erleiden am 15. Oktober bei Volta eine vernichtende Niederlage.

Heinrich IV. besiegt den Gegenkönig Rudolf von Schwaben in der Schlacht. Rudolf stirbt.

1081 1. Feldzug Heinrichs IV. in Italien. Er überquert mit seinen Truppen im Frühjahr die Alpen. Zu Ostern sammelt er seine oberitalienischen Anhänger und zieht nach Rom. Mathildes Soldaten leisten ihm keinen Widerstand mehr. Heinrich verhängt über Mathilde die Acht und zieht, soweit möglich, ihre Güter ein. Sie wird für verrückt erklärt und zieht sich auf ihre Burgen zurück.

Im Mai 1081 steht Heinrichs Heer vor Rom, doch die Stadt läßt sich nicht einnehmen. Der Gegenpapst Clemens III. wird in Tivoli einquartiert.

1082 Gregors Lage verschlechtert sich durch die Belagerung. Die Pilger bleiben aus. Mathilde läßt den Schatz ihrer Hauskapelle in Canossa einschmelzen und schickt den Erlös nach Rom. Heinrichs Soldaten nehmen im Kampf viele der Burgen Mathildes ein.

1083 Heinrich IV. marschiert in Rom ein. Papst Gregor flieht in die Engelsburg. Heinrich will die Anerkennung seiner Herrschaft in Form der Kaiserkrönung und ist bereit, den Gegenpapst fallenzulassen. Gregor fordert öffentliche Buße von Heinrich. Immer mehr römische Adelige stellen sich hinter den König.

1084 Am 21. März rückt Heinrichs Heer in Rom ein. Drei Tage später erklärt eine Versammlung von Volk und Klerus Gregor VII. für abgesetzt. Wibert wird als Clemens III. zum Papst gewählt und krönt Heinrich IV. Ostern zum römischen Kaiser. Noch ist Rom jedoch nicht ganz erobert. Gregor sitzt in der Engelsburg, Heinrich geht nach Deutschland und läßt Clemens III. in Tivoli zurück.

Im Mai zieht Robert Guiscard mit einem großen Normannenheer nach Rom. Die Normannen plündern die Stadt und befreien Gregor, doch er muß sich aus Furcht vor dem königstreuen römischen Adel ins Exil nach Salerno begeben.

1085 Tod Gregors VII. am 25. Mai.

Heinrich IV. verkündet einen Gottesfrieden für das ganze Reich.

Der Gegenpapst Clemens III. kehrt dem verwüsteten Rom den Rücken und nimmt seinen Sitz in Ravenna.

1086 Am 24. Mai wählen wenige Kardinäle den Abt von Montecassino zum Papst Viktor III. Roger, der Sohn des Norman-
nenführers Robert Guiscard, ruft einen Aufstand in Rom
hervor. Viktor III. verläßt Rom, und der Gegenpapst Clemens übernimmt die Herrschaft in der Stadt.

1087 Mathildes Truppen erobern die Peterskirche, und auf Mathildes Aufforderung kehrt Viktor III. nach Rom zurück,
um am vorgeschriebenen Ort im Mai die Papstweihe zu
empfangen. Danach verläßt Viktor die Stadt wieder und
stirbt im September in Montecassino.

1088 Am 12. März wählt das Kardinalskollegium Urban II. zum
Papst, der sich zur Fortsetzung der Politik Gregors VII. be-
kennt. Clemens III. bleibt kaiserlicher Gegenpapst. Statt
mit kriegerischen Mitteln setzt er seine Ziele jedoch mit
diplomatischem Geschick durch. So stärkt er das antikai-
serliche Bündnis, indem er eine Verbindung zwischen dem
papsttreuen Welfenhaus in Bayern und Mathilde herstellt.

1089 Mathilde heiratet in zweiter Ehe den sechzehnjährigen Herzog Welf von Bayern.

1090 2. Italienfeldzug Heinrichs IV. Kampf gegen Mathildes Besitzungen nördlich der Poebene.

1091 Nach elfmonatiger Belagerung nimmt Heinrich IV. Mantua
ein, die Hauptstadt von Mathildes Herrschaftsgebiet.
Einnahme Roms durch die kaiserlichen Truppen. Der Gegenpapst Clemens III. nimmt seinen ständigen Sitz im Va-
tikan.

1092 Viele der Burgen Mathildes, die den Zugang zum Apennin
kontrollieren, werden vom kaiserlichen Heer eingenom-
men. Mathilde will sich ergeben und eröffnet Verhandlungen mit dem Kaiser. Im Herbst versammelt Mathilde ihre
Getreuen in der Burg bei Carpineti, um über die Fort-
führung des Krieges zu beraten.
Das Kriegsglück wendet sich, als die zweimonatige Belagerung der Burg von Monteveglio für den Kaiser mit einer
Niederlage endet und im Oktober auch Canossa nicht ein-
genommen werden kann. Heinrichs Truppen ziehen sich
zurück.

1093 Die lombardischen Städte verbünden sich gegen Kaiser
Heinrich IV., als dessen Sohn Konrad, der schon seit 1087

zum Nachfolger Heinrichs bestimmt ist, lombardischer König wird und auf die päpstliche Seite wechselt.

1095 Papst Urban II. ruft zum Heiligen Krieg um Jerusalem und zum ersten Kreuzzug auf. Der erste »Kreuzzug der Armen« wird vollständig aufgerieben. Im folgenden Jahr setzt sich ein Heer aus Rittern unter Führung Gottfrieds von Bouillon in Bewegung und erobert im Juli 1099 Jerusalem. Urban reist bis Ende 1096 durch Frankreich und wirbt für den Kreuzzug.

1096 Rückkehr Urbans nach Rom, wo die Anhänger Clemens III. die Stadt beherrschen. Urban muß die Engelsburg im Kampf einnehmen.

1097 Welf V. von Bayern, Mathildes Ehemann, verläßt sie, weil ihm das Erbe ihrer Güter verweigert wird. Das bayrische Welfenhaus fällt von der päpstlichen Seite ab und Herzog Welf IV. öffnet Heinrich IV. den Rückweg nach Deutschland.

1099 Tod Urbans II. Sein Nachfolger Pascalis II. erneuert den Bann gegen den deutschen Kaiser und erklärt die Spaltung der Kirche für Ketzerei. Pascalis bemüht sich, den Bürgerkrieg in Deutschland wieder zu entfachen.
Heinrichs gleichnamiger zweiter Sohn wird anstelle von Konrad zum Nachfolger benannt.

1100 Tod des Gegenpapstes Clemens III.

1104–1106 Heinrichs Sohn setzt sich an die Spitze eines Aufstandes gegen seinen Vater, wobei er sich aus taktischen Gründen auch mit der päpstlichen Seite verbündet. 1105 wird Heinrich IV. gefangengenommen und gezwungen, auf den Thron zu verzichten. Im Januar 1106 stirbt Heinrich IV. Auf dem Reichstag zu Mainz erklärt Heinrich V. sein Festhalten an der Laieninvestitur und offenbart seine nur gespielte Unterwürfigkeit gegenüber dem Papst. Die deutschen Fürsten stehen geschlossen hinter Heinrich V.

1110 Heinrich V. zieht nach Rom, um sich zum Kaiser krönen zu lassen, das königliche Regiment in Italien wiederherzustellen und sich mit dem Papst über die Investituren zu einigen. Auf seinem Zug unterwerfen sich ihm alle norditalienischen Städte. Auch Mathilde empfängt ihn und setzt ihn zum Erben ein.

1111 Im Februar heimlicher Vertrag von Sutri zwischen Heinrich V. und Papst Pascalis II., nach dem der König dem Papst die Investitur überläßt und die Kirche im Gegenzug auf alle Reichsgüter verzichtet. Am 12. Februar Bekanntgabe der Einigung und großer Protest bei den deutschen und italienischen Bischöfen und Fürsten. Straßenschlacht in Rom. Papst und Kardinäle werden gefangengenommen. Heinrich V. erzwingt die Anerkennung seines Rechts auf Investitur und wird am 13. April vom Papst zum Kaiser gekrönt.

1112 Bannung Heinrichs V. durch Papst Pascalis II.
Gegen den Kaiser entsteht eine Fürstenopposition in Thüringen und Sachsen, der sich der Erzbischof von Köln anschließt.

1115 Heinrich V. unterliegt in der Schlacht bei Mansfeld den sächsischen Fürsten.
Mathilde stirbt am 24. Juli.
Heinrich zieht nach Italien, um sich seine Erbschaft, Mathildes Besitzungen in der Toskana, zu sichern.
Verhandlungen mit Pascalis über die Investitur scheitern. Im März 1118 ernennt Heinrich V. Gregor VIII. zum Gegenpapst.

1122 Mit dem Wormser Konkordat wird der Investiturstreit beendet und das ottonische Reichskirchensystem beseitigt: Weltliche und geistliche Investitur werden unterschieden. In Deutschland verleiht der König dem Belehnten das Reichskirchengut vor seiner geistlichen Weihe. Dadurch sind Bischöfe und Äbte nicht mehr Reichsbeamte, sondern werden den Reichsfürsten gleichgestellt.

Seite 2: Museo Francesco Gonzaga, Mantua. Seite 12: aus Arturo Carlo Quintavalle, *Wiligelmo e Matilde*, Electa, Mailand 1991. Seite 30: *Vita Mathildis*, Biblioteca Apostolica Vaticana, Ms. 4922. Seite 37: Petersdom, Rom. Seite 45: Kirche Regina Pacis, Reggio Emilia. Seite 57: *Vita Mathildis*, Biblioteca Apostolica Vaticana, Ms. 4922. Seite 58: Palazzo degli Abati, San Benedetto di Polirone. Seite 68: Kirche des Klosters San Benedetto di Polirone. Seite 76: Biblioteca Capitolare, Modena, Ms. Ord. II, n. 11. Seite 98: *Vita Mathildis*, Biblioteca Apostolica Vaticana, Ms. 4922. Seite 103: aus Amedée Renée, *La grande Italienne*, Paris 1859. Seite 109: Photo Roberto Negri

Historische Portraits bei Wagenbach

Natalie Zemon Davis   Metamorphosen
Das Leben der Maria Sibylla Merian
Maria Sibylla Merian (1643–1717), die talentierte Tochter des be-
rühmten Frankfurter Kupferstechers, verließ ihren Mann und brach
1699 von Amsterdam aus nach Surinam auf, um dort Tiere und
Pflanzen zu sichten, zu sammeln und in Bildern festzuhalten. Zu-
rückgekehrt, erlangte sie internationalen wissenschaftlichen Ruf.
 Aus dem Amerikanischen von Wolfgang Kaiser
 WAT 484. 192 Seiten mit Abbildungen

Natalie Zemon Davis   Mit Gott rechten
Das Leben der Glikl bas Judah Leib, genannt Glückel von Hameln
Glikl bas Judah Leib wurde 1646 in einer jüdischen Hamburger Kauf-
mannsfamilie geboren. Sie hatte 14 Kinder und erlernte ganz neben-
bei die Geschäfte eines Großhändlers. Als nach 30 Jahren der geliebte
Mann starb, trieb sie den Handel sehr erfolgreich in ganz Europa
allein weiter, als eine von wenigen Frauen in einer Männerdomäne.
 Aus dem Amerikanischen von Wolfgang Kaiser
 WAT 485. 176 Seiten mit Abbildungen

Natalie Zemon Davis   Die wahrhaftige Geschichte von der Wiederkehr des Martin Guerre
Das Languedoc im 16. Jahrhundert ist der Schauplatz eines histori-
schen Kriminalromans: Ein Bauer, Ehemann und Vater verschwin-
det spurlos, taucht nach Jahren wieder auf und ist doch nicht, der er
vorgibt zu sein.
 Aus dem Französischen von Ute u. Wolf Heinrich Leube. Mit einem
 Nachwort von Carlo Ginzburg. WAT 498. 224 Seiten

Friederike Hausmann   Garibaldi
Die Geschichte eines Abenteuerers, der Italien zur Einheit verhalf
Giuseppe Garibaldi ist bis heute eine der faszinierendsten Gestalten
des Risorgimento, der Bewegung für die Einheit Italiens. Die Biographie des Freiheitskämpfers, Abenteurers und Frauenhelden ist
zugleich eine Geschichte Italiens im 19. Jahrhundert.
 WAT 235. 200 Seiten

Ralf-Peter Märtin   Dracula
Das Leben des Fürsten Vlad Tepes
Das Vorbild für Bram Stoker's Dracula: Vlad Tepes, grausamer Herrscher der Walachei im fünfzehnten Jahrhundert.
»Am Beispiel Dracula wird deutlich, um wieviel spannender als die Fiktion die Realität sein kann. Ein rundum gelungenes Buch.«
Ernst Piper, Sender Freies Berlin
WAT 396. 208 Seiten

Peter Burke   Vico
Philosoph, Historiker, Denker einer neuen Wissenschaft
Eine grundlegende Einführung in das Leben und Denken des geheimnisumwobenen Italieners und großen Wissenschaftlers, der erstmalig Kultur und Gesellschaft zusammen dachte.
»Pointenreich und glänzend geschrieben.«
Hans-Martin Lohmann, DIE ZEIT
Aus dem Englischen von Wolfgang Heuss
WAT 399. 120 Seiten

Baldassare Castiglione   Der Hofmann
Lebensart in der Renaissance
Berühmte Tischgespräche aus der Renaissance über Sitten und Kultur, Lebensart und den Umgang von Frauen und Männern miteinander. Mit seinen Thesen zur Selbsterziehung weist Castiglione weit über seine Zeit hinaus.
Aus dem Italienischen von Albert Wesselski. Mit einem Vorwort von Andreas Beyer. WAT 357. 144 Seiten

Bernd Roeck/Andreas Tönnesmann   Die Nase Italiens
Federico da Montefeltro, Herzog von Urbino
Eine Biographie des berühmtesten *Condottiere* im Italien der Renaissance: Heerführer, Diplomat, Förderer der Künste.
»Eine Meisterleistung der Geschichtsschreibung und gleichwohl für den Nicht-Fachmann lesbar.«   Bernhard Schulz, Der Tagesspiegel
Gebunden. 240 Seiten mit circa 50 Abbildungen

Mehr zum Islam...

Fouad Allam   Der Islam in einer globalen Welt

In den Vorstadtvierteln der europäischen Großstädte sind die Immigranten der zweiten und dritten Generation am anfälligsten für die ideologischen Verheißungen der Islamisten. Der algerische Intellektuelle Fouad Allam hat sie besucht und über die Widersprüche, in denen sie leben, ein spannendes und vieldiskutiertes Buch geschrieben.

Aus dem Italienischen von Karl Pichler
WAT 490. 208 Seiten mit Abbildungen

William Montgomery Watt
Der Einfluß des Islam auf das europäische Mittelalter

Eine kurze und allgemeinverständliche Einführung in die islamische Kultur und ihre prägende Rolle für die Geburt der Wissenschaften in Europa.

»Watt gelingt es mühelos, die Bedeutung der islamischen Welt für die geistige Entwicklung Europas deutlich zu machen.« Johann Michael Möller, FAZ

Aus dem Englischen von Holger Fließbach. Mit einem Vorwort von Ulrich Haarmann. WAT 420. 128 Seiten mit Abbildungen

William Montgomery Watt   Kurze Geschichte des Islam

Der profunde Islamkenner W. Montgomery Watt erklärt Ursprünge und Entwicklungen des Islam.

»Wer immer sich zum Islam äußert, sollte zumindest einen Text kennen: William Montgomery Watts Kurze Geschichte des Islam.« Die Presse

Aus dem Englischen von Gennaro Ghiradelli
WAT 454. 144 Seiten

Ziauddin Sardar   Der fremde Orient   *Geschichte eines Vorurteils*

Sardar ist der Spur des Orientalismus von seinen mittelalterlichen Wurzeln her durch die Zeit der Aufklärung, des Kolonialismus und Imperialismus bis in die Gegenwart gefolgt. Er untersucht, wie sich dieses Vorurteil noch in den scheinbar unverdächtigsten kulturellen Zeugnissen – Kunst, Film und Literatur – manifestiert.

Aus dem Englischen von Matthias Strobel
WAT 451. 192 Seiten

... oder über das Mittelalter bei Wagenbach

Lothar Baier   Die große Ketzerei
Verfolgung und Ausrottung der Katharer
Dieses Buch erzählt die Geschichte der großen Ketzerbewegung, die
im zwölften Jahrhundert von Südfrankreich aus die Kirche in eine
tiefe Krise stürzte.
*»Ein Musterbeispiel anschaulicher und zugleich reflektierender Geschichts-
schreibung.«*   Helmut Scheffel, FAZ
  WAT 410. 208 Seiten

Jonathan Riley-Smith   Wozu heilige Kriege?
Anlässe und Motive der Kreuzzüge
Welche Motive standen hinter den Kreuzzügen? Wer waren die
Kreuzfahrer? Ein führender Wissenschaftler stellt die Quintessenz
seiner Forschungen vor.
*»Seit gut zwei Jahren sind Kreuzzüge in aller Munde. Aber weiß überhaupt
jeder, wovon er da redet? Wer jetzt unsicher ist, dem sei dieses lesenswerte Buch
empfohlen.«*   Süddeutsche Zeitung
  Mit einem Nachwort des Autors zur dt. Ausgabe. Aus dem Englischen
  von Michael Müller. WAT 480. 192 Seiten

Jacques Le Goff   Kaufleute und Bankiers im Mittelalter
Ein kompakter Überblick über mittelalterliche Wirtschaftsgeschichte
des »großen Historikers der kleinen Geschichten«: von den Betrei-
bern des Handels und der Geldgeschäfte, von ihrer sozialen und politischen Rolle.
  Aus dem Französischen von Friedel Weinert
  WAT 520. 144 Seiten

Georges Duby   Kunst und Gesellschaft im Mittelalter
Ein reichbebilderter Überblick über das Jahrtausend zwischen dem
Untergang Roms und der Renaissance.
*»Hier erzählt ein Stilist von hohen Graden, für den die Geschichtswissenschaft
sehr wesentlich eine literarische Kunst war.«*   Günther Specovius, NDR
  Aus dem Französischen von Horst Günther
  SALTO. Rotes Leinen. Fadengeheftet. 144 Seiten mit Abbildungen

Bücher über Italien bei Wagenbach

Fernand Braudel   Modell Italien 1450–1650

In seiner glänzend geschriebenen »majestätischen Gipfeltour« beschreibt Braudel die Größe Italiens und seine nachhaltige Wirkung – von der Renaissance bis zum Barock – auf die Welt.

Aus dem Französischen von Sieglinde Summerer und Gerda Kurz
WAT 457. 240 Seiten

Iris Origo   Im Namen Gottes und des Geschäfts

Lebensbild eines toskanischen Kaufmanns in der Frührenaissance
Iris Origo erzählt das Leben des Kaufmanns Datini aus dem toskanischen Prato, eines klassischen Selfmademan der Renaissance: seine Reisen, seinen Alltag, seine Ehe, seine Geschäfte zwischen Gott und Profit.

»Iris Origo hat es verstanden, wissenschaftliche Akribie und Detailkenntnis mit fesselnder Lebensbeschreibung zu verbinden.«

Herfried Münkler, Frankfurter Allgemeine Zeitung
Aus dem Englischen und Italienischen von Uta-Elisabeth Trott
WAT 290. 480 Seiten

Brunello Mantelli
Kurze Geschichte des italienischen Faschismus

Die Geschichte des italienischen Faschismus von den Anfängen bis zum Fall.

»Ein sehr informatives und nützliches Handbuch.«

Michael Schweizer, Kommune
WAT 300. 192 Seiten mit vielen Abbildungen

Wenn Sie mehr über den Verlag und seine Bücher wissen möchten, schreiben Sie uns eine Postkarte (bitte mit Anschrift und ggf. E-Mail). Wir verschicken immer im Herbst die *Zwiebel*, unseren Westentaschenalmanach mit Gesamtverzeichnis, Lesetexten aus den neuen Büchern und Photos. *Kostenlos!*

Verlag Klaus Wagenbach   Emser Straße 40/41   10719 Berlin
www.wagenbach.de